falter 2

Dan Lindholm

Vom Engel berührt

Schicksalsbegebenheiten

Verlag Freies Geistesleben

Neuausgabe 2013
5. Auflage

Verlag Freies Geistesleben
Landhausstraße 82, 70190 Stuttgart
www.geistesleben.com

ISBN 978-3-7725-1052-6

© 1989 Verlag Freies Geistesleben
& Urachhaus GmbH, Stuttgart
Satz: Bianca Bonfert
Umschlagfoto und Fotos im Innenteil:
Millennium Images / LOOK-foto
Druck und Bindung: Freiburger Graphische Betriebe
Printed in Germany

Inhalt

Glauben wir an Engel?	7
Traum eines Kindes	17
Ibsens Engel-Traum	20
Der Holzschnitt im Psalmbuch	23
Er hörte seinen Namen	26
Die rettenden Ostereier	30
Ein harter Fall	33
Das Zimmer hat er bekommen	36
Im Auftrag des Engels	38
Er sandte seinen Engel	42
Sonderbare Warnung	46
Im Walde verirrt	49
Kaum zu glauben	53
Über die Kante des Kais	55
Schiffbruch am Weihnachtsabend	58
Wo war der Engel?	62
Nur ein Zufall?	67

«Deine Emma»	70
Von Gott geliehen	75
Mutter Inez	77
Vom Bild des Engels	87
Im Gespräch mit dem Engel	91
Nachwort	94

Glauben wir an Engel?

Für meinen kleinen Bruder war das keine Frage. Rückblickend auf seine Kindheit, erzählt er: «Zu meinen schönsten Erinnerungen gehört das Kinderbett, worin ich schlief, denn da war an einem der Stäbe mein liebster Besitz befestigt – das Bild eines Engels mit ausgebreiteten Flügeln! Über weiße Wolken schwebte er heran. Jeden Abend freute ich mich auf das Fertigwerden mit dem Gebet und das Gutenacht der Erwachsenen, bis ich für mich dalag. Denn allein war ich nicht. Vom Engelbild strahlte ein mildes Licht, das mich mit Freude und Zuversicht erfüllte. Noch heute bin ich überzeugt, dass es so war. Ein Wesen löste sich von dem bescheidenen

Bild, weitete sich aus und war da ...» – Wie ist es aber mit uns, die wir nicht mehr Kinder sind? Können wir Engel für wirklich halten, an Engel als wirkliche Geistwesen glauben? – Wer die folgenden kleinen Berichte überdenkt, wird vielleicht am Ende fragen: Wie kann man nur zweifeln!? So jedenfalls die Hoffnung des hier zur Feder Greifenden. Nichts ist von ihm erdichtet, alles ist schlicht und einfach so erzählt, wie er es vorfand oder wie es ihm mitgeteilt wurde. So mag auch hie und da etwas persönlich Gefärbtes in der Darstellung liegen. Man kann das aber in Kauf nehmen, wenn man weiß, dass die Wahrheit deswegen nicht geschmälert zu werden braucht. Wo ein Mensch mit seinem Selbst eine Sache ganz durchlebt hat, können wir die sachlich distanzierte, unverbindliche Objektivität nicht unbedingt erwarten.

Hier nun für den Anfang das Bekenntnis des Schreibers dieser Zeilen: Als Kinder wurden wir von unserer guten Mutter ermahnt, nicht immer mit jeder Beule zum lieben Gott zu laufen. – «Der hat Wichtigeres zu tun, als euch wegen solcher Kleinigkeiten zu trösten», sagte sie. «Dafür hat er ja euch und jedem Menschen einen Engel auf den Lebensweg mitgegeben. Wendet euch mit euren Sorgen an ihn. Der freut sich, wenn ihr euch ihm anvertraut. Und so es gerechterweise geschehen darf, wird er auch helfen. Erinnert euch an das Märchen vom guten Gefolgsmann!» Und sie erzählte:

Da war einmal irgendwann und irgendwo ein armer Junge. In einer Nacht hatte er von einer wunderschönen Prinzessin geträumt. Und als er aufwachte, meinte er, ohne diese Prinzessin nicht leben zu können, er musste sie auffinden. Das Wenige, was er besaß, machte er zu Geld und begab sich auf den Weg. Da kam er an einer Kirche vorbei, wo vor der Tür ein Mann eingefroren in einem Eisblock stand. Und als die Gemeinde aus der Kirche trat, da spuckten die Leute auf den Eingefrorenen. Der Junge fragte, warum sie das täten, und der Pfarrer antwortete: «Weil er ein großer Sünder war, er hat den Wein mit Wasser vermischt.»

Der Junge konnte diese Sünde nicht als so groß empfinden, dass man den Mann hätte derart bestrafen müssen. Er wurde von Mitleid erfasst, und für sein letztes Geld verschaffte er dem Eingefrorenen eine christliche Bestattung. Danach wanderte er weiter und kam in ein Land, wo alle Wege nur geradeaus liefen. Wie er so wanderte, wurde er von einem Unbekannten eingeholt. Der klopfte ihm auf die Schulter und bot ihm seine Dienste an. Nun hatte aber der Junge kein Geld mehr, um einen Diener anzustellen. So wollte er ihn abweisen. Der Unbekannte aber sagte: «Ich weiß, dass du einen Gefolgsmann brauchst. Wegen des Lohnes mache dir keine Sorge, wir teilen, was uns zufällt ...»

Das Bild dieses in einem Eisblock eingefrorenen Gefolgsmannes, verkannt und bespuckt, ließ mich später nicht mehr los. Ohne ihn wäre ja der Junge, wie das Märchen weitererzählt, nicht zu seiner Prinzessin gekommen, hätte sie nicht erlösen können. Der Gefolgsmann wurde mir zum Gleichnis für den Engel, der in der Kälte unseres nur Materielles erfassenden Verstandes eingefroren ist und auf die Herzkraft wartet, die ihn erlösen kann. Es sollte nur wenig Zeit verstreichen, bis ich die Hilfe meines «Gefolgsmannes» brauchte. Sieben Jahre hatte ich hinter mir, und es war Weihnachten.

Unter dem von Kerzen glitzernden Baum fand sich für mich eine Schachtel Farbstifte. Ich war von der bunten Herrlichkeit vollkommen berauscht. Ganz besonders gefiel mir, dass die Schachtel so gut in meine Hosentasche hineinpasste. Allerdings war das keine Tasche an jener Stelle, wo die Buben heutzutage ihre Hände hineinstecken, sondern eine hinten aufgenähte. Sonst war ich von dieser «hinten Aufgenähten» nicht allzu begeistert, doch jetzt bewährte sie sich aufs beste. Wenn ich mit der Schachtel darin herumlief, guckte sie so prächtig heraus, dass jedermann meinen Schatz bewundern konnte. Jeden Abend gab es für uns Kinder ein Fest, denn dann pflegte der Vater zu erzählen und zu zeichnen. Auf einmal sagte er: «Darf ich schnell deine Farbstifte leihen?» Ich griff in die Tasche. O Schreck, sie war leer! Was ich geantwortet habe, weiß ich nicht mehr, doch heiß um die Ohren wurde mir.

Am nächsten Tag suchte ich draußen und drinnen, oben und unten im Haus. Wo waren nur die Farbstifte hingekommen? Gegen Abend graute mir immer mehr vor der Frage, die dann gewiss kommen würde: «Hast du die Farbstifte gefunden?» – Meine Antwort war ausweichend. Flüchtig schaute der Vater auf von seiner Zeichnung. «Sieh nur zu, dass du sie findest!»

Vor dem Einschlafen betete ich heftig zu meinem Engel. Auch am anderen Morgen betete ich, dass er mich die Farben finden ließe. Ja, ich war so unglücklich, wie man nur als Kind unglücklich sein kann. Dann aber vernahm ich etwas, das sich schwer beschreiben lässt. Ich begann zu gehen – die Treppe vom ersten Stock hinunter, zur Tür hinaus auf den Hof, den Weg entlang. Zu beiden Seiten lagen die Wiesen mit verwelktem Gras, denn es war noch kein Schnee gefallen. Ich bog ein paar Schritte vom Weg ab. Da lag die Schachtel! – Ich kann sie noch heute, nach so vielen Jahren, vor mir sehen, als sei es gestern gewesen. Mir schien es ein Wunder, denn ich hätte schwören können, dass ich die Wiese nicht betreten hatte.

Ob ich meinem Gefolgsmann immer treu blieb? – Lieber möchte ich die gegenteilige Frage beantworten: Er ist mir treu geblieben. Doch vorerst wuchs man ja heran und wollte Tanz und Taumel des Lebens mitmachen. Von Engeln war da nicht viel die Rede. Allmählich nahte der Ernst des Lebens. Erst wurde der eine, dann ein anderer von seinem Schicksal eingeholt – auch ich. Eines Abends spät lag ich in meinem Bett und war in tiefster Verbitterung, denn ich wähnte mir schweres Unrecht zugefügt. Und zwar von einer Seele, die mir mehr als alle anderen bedeutete. Ich fand meine Lage höchst bemitleidenswert. Zugleich musste ich mir aber sagen, dass die geliebte Seele völlig schuldlos war. Sie konnte unmöglich ahnen, wie schmerzlich ihre kleine Bemerkung mich getroffen hatte.

Da lag ich also mit mir selber kämpfend. Selten waren aufgewühltes Gefühl und zügelndes Denken so miteinander im Konflikt. Mit aller Kraft suchte ich mir selber durch höhere Gedanken Halt zu verschaffen. Da merkte ich ganz unerwartet etwas, was mir sonst im Leben nie vorgekommen war: Das Denken erkraftete sich irgendwie, sodass alles, was ich dachte, sich in seiner vollen Wirklichkeit, in seinem eigenen Bestand zeigen musste. – «Nutze die seltene Gelegenheit», sagte ich mir, «denke an deinen Engel, und er wird sich offenbaren!»

Und wirklich, in diesem Augenblick füllten sich meine Augen mit einem blendenden Licht. Ein Wesen mit einer solchen Seinsintensität war da, sodass ich von einer Heidenangst gepackt wurde. – «Nein, nein!», rief ich, «ich ertrage es nicht!» – Das Licht verschwand, dafür befiel meine Seele eine bodenlose Scham über die eigene Schwäche. Noch einmal versuchte ich die Begegnung auszuhalten. Vergebens, das Licht war viel zu mächtig für mich. Zutiefst beschämt lag ich da, bis endlich der Schlaf sich meiner erbarmte.

Genauso haben es auch andere erlebt. Eine fast unüberwindliche Furcht vor der Macht des Geistes sitzt uns tief in der Seele. Ähnlich auch die Gespensterangst, die mehr oder weniger in den Kellergewölben des Bewusstseins haust. Vielleicht nicht ohne Grund. Wir erinnern uns, wie in der Bibel beim Erscheinen eines Engels der Zuruf ertönt: Fürchtet euch nicht!

Die schönste Hilfe der Engel sind die guten Einfälle, die sie uns zukommen lassen – oft in entscheidenden Augenblicken des Lebens: etwa eine völlig neue Idee oder die Lösung eines schwierigen Problems oder unter Umständen eine richtige Inspiration. Wer sein Gedankenleben verfolgt, wird sich nicht selten fragen müssen, woher dieser oder jener Gedanke wohl stammt. – Von der offiziellen Wissenschaft wird da auf das Unterbewusstsein verwiesen, jenes «Sesam öffne dich» der modernen Psychologie, wobei selten gesagt wird, wie man sich dieses Unterbewusstsein vorstellen soll – etwa als einen geistigen Eimer, in dem sich die verdrängten und vergessenen Abfälle des Lebens angesammelt haben? Und aus diesem Unrat sollten die guten Einfälle, die vielleicht genialen Ideen herrühren? Das zu glauben ist doch eine starke Zumutung!

Weit eher möchten wir an ein *Über*bewusstsein glauben. Das heißt aber an eine höhere, über unser menschliches Wandeln und Wirken wachende Macht. Doch von einem Bewusstsein zu sprechen, ohne ein dieses Bewusstsein tragendes Wesen einzubeziehen, wäre widersinnig. Und wer sollten die Träger dieses höheren Bewusstseins sein, wenn nicht die Engel? Wobei wir auch mit dunklen, gefallenen «Engeln» rechnen müssen. Denn nicht alle Einfälle sind gut. Den Anlass zu diesen Erwägungen gab ein persönliches Erlebnis. Eines Tages, als der Winter schon begann sich zu verabschieden, der Frühling aber noch auf sich warten ließ, trat ich aus einem Geschäft auf den Bürgersteig. Auf der Straße war kaum Verkehr. Ziemlich gedankenlos ging ich ein Stück. Auf einmal blieb ich einen Moment stehen – vielleicht überlegte ich, ob ich die Straße überqueren sollte? Ich kann es nicht sagen. Aber in diesem Augenblick schlug zwei kleine Schritte vor mir eine schwere Eisscholle vom fünf Stock hohen Dach mit zerschmetternder Wucht aufs Pflaster. – «Das war aber knapp!», rief ein erschrockener Mann, der mir entgegenkam.

Und wahrlich – hätte mich da nicht ein «Einfall» aufgehalten, befände ich mich jetzt im Jenseits. Viele werden sagen: ein Zufall! Für mich bleibt das eine Teilwahrheit, wie es eine Teilwahrheit ist, dass wir sterblich sind. Doch wenn einem jeder Glaube an helfende Wesen versagt ist, wird keine andere Vorstellung als nur «Zufall» möglich sein. Was bleibt, ist die ungelöste Frage: Was ist eigentlich ein Zufall?

Zunächst war ich von diesem «Zufall» merkwürdig unberührt. Sonst bei einer plötzlichen Lebensgefahr pocht einem doch das Herz ein wenig schneller. Hier war es fast, als würde mich die herunterrutschende Eisscholle gar nichts angehen. Erst bei längerem Nachdenken wurde mir klar, dass ich vielleicht von meinem Engel angesprochen worden war – und dass ich nach einer Antwort suchen musste.

Denn das weitere Leben war mir ja neu geschenkt.

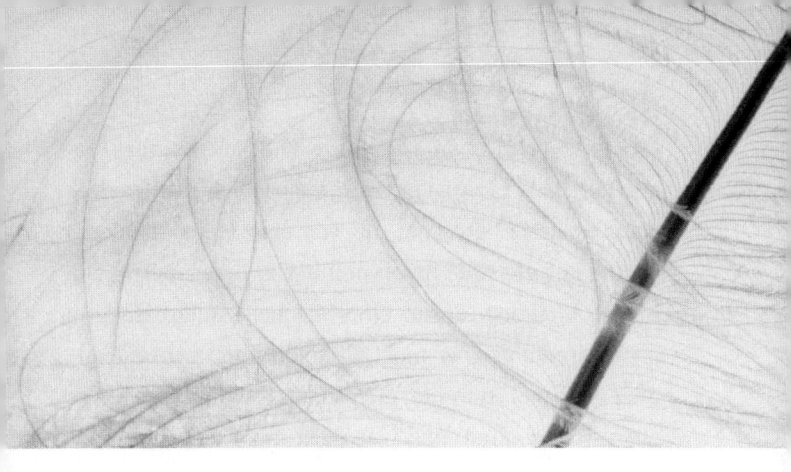

Traum eines Kindes

Immer gab es für uns Kinder ein Fest, wenn der betagte Andreas Austlid ins Haus trat. Mit seinem langen Haar und dem silbergrauen Bart mutete er uns an wie ein Prophet aus dem Alten Testament. Die großen Augen schauten fern wie in eine andere Welt. Ein freundlicher Ernst beseelte das Gesicht. Andreas Austlid war Volksschullehrer gewesen und konnte wunderbar erzählen – Sagen und Geschichten, besonders aber aus dem eigenen Leben. Vor allem hörten wir gern zu, wenn er aus seiner eigenen Kindheit auf dem väterlichen Bauernhof erzählte. So einmal auch von seinem Engel:

«Ich war wohl etwa vier Jahre und spielte eines Tages auf dem Hofplatz. Da gewahrte ich ein Tierlein oben in der Eberesche, die vor dem Haus stand. Es sprang auf die Erde herab und lief in den nahen Wald. In der Meinung, es sei ein Kätzchen, stellte ich ihm nach, konnte es aber nicht einholen. Eine ganze Weile ging das Spiel so weiter, doch zuletzt schlüpfte es hinter einen Baumstamm und war nicht mehr zu sehen. Vermutlich ist es ein Eichhörnchen gewesen.

Ich war müde und fand mich weit weg von zu Hause, ohne den Weg zurück zu wissen. Ich weinte, doch niemand hörte mich. Schließlich legte ich mich in eine kleine mit Gras bewachsene Mulde und schlief ein.

Da träumte ich, es stünde ein Engel vor mir. Seine Kleidung war schneeweiß, um den Leib hatte er einen goldenen Gürtel. Er löste den Gürtel vom Leib und reichte mir das eine Ende. Doch wagte ich nicht, den Gürtel anzufassen, denn es dünkte mich, meine Hände seien schmutzig. Der Engel aber sagte: ‹Nimm den Gürtel und halte dich daran fest, dann kommst du in den Himmel!›

Ich erwachte und sah meinen Vater über den Hang auf mich zukommen. Neben meinen Füßen aber lag eine Kreuzotter und starrte mich an. Schnell war der

Vater da und hob mich auf, die Otter ringelte sich davon und versteckte sich im Geröll. Nun kam auch meine Mutter und schloss mich in ihre Arme.

Man hatte mich seit Stunden vermisst und überall gesucht.»

Ibsens Engel-Traum

Wie anders mutet uns dagegen der Engel-Traum Henrik Ibsens an. Er ist uns von einem seiner Mitschüler übermittelt. Dieser – ein später bekannt gewordener Pfarrer – erzählte, dass der Klasse als Aufsatzthema «Ein Traum» gegeben war. Als Ibsen seinen Aufsatz vorzulesen begann, entstand eine tiefe Stille:

«Auf einer Wanderung über die Berge wurden wir von der Nacht überrascht, denn der Weg war weiter, als wir uns vorgestellt hatten. Wie vormals Jakob legten wir uns unter offenem Himmel zur Ruhe mit Steinen unter unseren Häuptern. Meine Kameraden schliefen bald ein. Mich überkam lange kein Schlummer. Doch endlich übermannte auch mich die Müdigkeit. Da stand im Traum ein Engel an meiner Seite.

‹Steh auf›, sagte er, ‹und folge mir!› – ‹Wohin willst du mich in diesem Dunkel führen?›, fragte ich. ‹Komm›, wiederholte er, ‹ein Gesicht zeige ich dir, das Menschenleben in seiner Wahrheit!›

Mit Bangigkeit folgte ich dem Engel über ungeheure Stufen nach unten, bis die Felsen sich über uns in mächtigen Bogen wölbten.

Vor uns lag eine Sterbestätte mit allen grausigen Merkmalen des Todes, eine ganze Welt, die unter der Macht des Todes in sich zusammengebrochen war – verfaulte, vernichtete Herrlichkeit. Und über allem ein blasser Schimmer, fahl wie jener, den die gekalkte Mauer einer Kirche über einen Friedhof werfen mag. Heller scheinend die ungezählten Reihen der Totengerippe, die den dunklen Raum anfüllten.

Eine eisige Angst durchschauerte mich bei diesem Anblick. Da sprach der Engel an meiner Seite: ‹Hier siehst du, alles ist eitel Vergänglichkeit!› Darauf begann ein Sausen, wie die ersten schwachen Stöße eines nahenden Sturmes. Mit tausendstimmigem Stöhnen streckten die Toten ihre Knochenhände nach mir. Ich wachte auf mit einem Schrei – nass vom Tau der Nacht … »

Viele Jahre später, als Ibsen der weltberühmte Dichter war, wurde er an diesen Aufsatz erinnert und bestätigte ihn. Der Lehrer habe damals nicht an seine Echtheit glauben wollen, was zu einer langwierigen Verstimmung zwischen Schüler und Lehrer führte.

Der Berichterstatter fügt hinzu: «Oft habe ich an diesen Traum meines berühmten Mitschülers denken müssen. Mir scheint, dass darin eine Vorahnung, eine Art Prophetie für Ibsens späteres Wirken als Dichter und Schriftsteller lag, ja, als künde sich in diesem Traum der Grundton seiner ganzen späteren Dichtung an.»

Der Holzschnitt im Psalmbuch

Ganz anders, als wir es von Ibsen hörten, ist die wenn nicht Engel-, so doch Geist-Begegnung Viktor Rydbergs, des bedeutenden schwedischen Dichters und Mythenforschers. Er hat sie in einem Gedicht dargestellt. Auf andere Art war dies kaum möglich in einer Zeit – letztes Drittel des 19. Jahrhunderts –, die zumeist sehr abgeneigt war, solche zarten Erlebnisse als wirklich zu nehmen.

Schon als sieben-, achtjähriger Bub war ihm seine Mutter gestorben, und dieser Verlust lag wie ein

Schatten über Viktor Rydbergs sonst glücklicher Kindheit. In dem genannten Gedicht beschreibt er nun, wie er an einem sommerhellen Sonntag zur Kirche ging. Überall blühte es, die Glocken läuteten, durch das ehrwürdige Kirchentor schritten die Bürger des kleinen Städtchens, jung und alt in ihrem besten Putz mit dem Psalmbuch in der Hand. Nach alter Sitte fanden sie alle ihre gewohnten Plätze, feierlich begann die Orgel zu präludieren, und bald stimmte die ganze Gemeinde ein. Fromm ergriffen hatte auch der Knabe sein Psalmbuch geöffnet. Da fiel sein Blick auf einen alten Holzschnitt: König David, der gerade seine Harfe schlägt und dem Herrn ein Loblied singt, im Hintergrund die Umrisse Zions ... «Ein altertümliches Bild aus Meister Lundströms Werkstatt. Doch welche Schönheit sah ich darin! Mit welchen himmlischen Farben malte meine andächtige Phantasie Gärten und Felder aus! Von den Saiten der Harfe, die David zupfte, sprühten Funken, die zu klingenden Tönen wurden. Schon vermeinte ich seine Stimme zu hören, die Worte seines Liedes:

Meine erlöste Seele dereinst
soll auf Salems Berge wohnen,
wo der Engel Harfen klingen ...

Auf einmal sah und hörte ich einen Lerchenzug, eine Jubelschar, die mich mitnahm in jene selige Gegend, die im azurblauen Äther glänzte! Ja, als wäre auch meiner Seele ein Flügelpaar gegeben, also schwang ich mich empor über die Gefilde des heiligen Landes. Immer mehr entschwand mir die Erde, immer näher rückte die gesegnete Stadt Salem mit ihren Zinnen und Zacken. In Scharen schwebten die Seligen heran, hier und dort und von überall her – ich sehe sie noch heute. Und siehe! da winkte mir eine liebe, eine wohlbekannte herrliche Gestalt, meine verstorbene Mutter, die mir alles war! Ich flog zu ihr, an ihrem Busen mich auszuruhen, in ihrem Schoß meine Lerchenhülle abzulegen … Ach, aber ach, – da war der Psalm zu Ende. Die Orgeltöne hörten auf, und abgerissen war der Faden meines Traumes. Ich saß wieder auf der hölzernen Bank. Leer und kalt erschien mir die Kirche. Noch glaubte ich aber die Nähe der geliebten Seele zu spüren, sie, die ich soeben geschaut hatte. Und ich fühlte, dass wir eins waren.»

Er hörte seinen Namen

Wer Johannes Bye begegnete, hatte einen Mann vor sich, dessen ruhiger Blick besagte, dass über seine Lippen kaum jemals eine bewusste Unwahrheit gekommen war. Seine Erscheinung erinnerte an die eines erfahrenen Arztes. Er war aber Pfarrer, und in jüngeren Jahren übte er seinen Beruf als Seelsorger in einer sehr abgelegenen Gegend Norwegens aus. Hier folgt, was er davon erzählte:

«Es war im Winter des Jahres 1921. Nach einem Krankenbesuch befand ich mich auf dem Heimweg über verschneite Berge, denn meine Gemeinde verteilte sich auf zwei kleine Täler, die durch Wälder und Berge voneinander geschieden sind. Ich ging auf Skiern, anders war es kaum möglich, bergan in Begleitung des Postmannes, der mit Pferd und Schlitten fuhr. Dem Pferd waren Schneeschuhe angeschnallt, damit es nicht zu tief einsank.

Als wir die Kuppe erreicht hatten, trennten wir uns, denn mit dem Schlitten ging es mir jetzt zu langsam. Das Wetter war nicht schlecht, die Sicht aber ungut. Das Licht schimmerte diffus durch eine tief herabhängende Wolkendecke. Dadurch verwischten sich die entfernteren Konturen, ein Phänomen, das den meisten Skiläufern bekannt sein dürfte. Ich aber glaubte den Weg gut zu kennen, ich hatte ja oft meinen Gang über diese Berge genommen. So ließ ich meine Skier hurtig in Richtung Limingen, einen zugefrorenen See, gleiten.

Da hörte ich plötzlich meinen Namen: Johannes Bye! Ich bremste und wandte mich um. Doch ringsum lag die schneebedeckte, menschenleere Einöde – lautlos, unbewegt.

Nun, es war wohl eine Täuschung, ich setze wieder an – doch kaum ein oder zwei Skilängen weiter, da höre ich wieder meinen Namen rufen. Ich halte an. Könnte es der Postmann sein? Nein, der war nirgends zu sehen.

Auch schien mir der Abstand viel zu weit, als dass ich seine Stimme hätte hören können. Im Glauben, dass ich abermals einer Sinnestäuschung unterlegen war, wollte ich weiterfahren. Da höre ich zum dritten Mal ganz deutlich meinen Namen. Kein Zweifel war nun möglich, das musste der Postmann sein, der irgendwie meine Hilfe brauchte. Ich kehrte um, und meiner eigenen Spur folgend wollte ich ihm entgegengehen. Nach einer knappen Viertelstunde begegnete ich ihm, und halb gleichgültig fragte ich, ob er mich gerufen habe? – ‹Ich gerufen?›, erwiderte er verwundert. Nein, er hatte niemanden gerufen. Ich sagte nichts. Es schien mir aber am besten, dass wir jetzt den Weg gemeinsam fortsetzten. Eine Weile folgten wir meiner Skispur bis zu jener Stelle, wo ich das erste Mal meinen Namen gehört hatte. Da bog der Postmann scharf nach links von meiner Spur ab. Doch auf einmal entdeckte er, wie die Spur weiterlief. Ein wenig zögernd hielt er das Pferd an und fragte: ‹Ist das Ihre Spur?› Als ich bejahte, stieg er aus dem Schlitten.

‹Kommen Sie mit›, sagte er, ‹ich zeige Ihnen was.› Er stapfte mir im Schnee voran. Mit Herzklopfen folgte ich, denn ich begann etwas zu ahnen. Wenige Schritte weiter, als ich gekommen war, standen wir vor einem etwa vierzig Meter tiefen Abgrund. Die weißen Flächen auf beiden Seiten des Absturzes fluchteten für das Auge zusammen, sodass sie im Schleierlicht des Winters kaum zu unterscheiden waren.»

Johannes Bye enthielt sich jeglichen Kommentars. Das mag von seiner nüchternen Gewissenhaftigkeit zeugen. Sicher war er sich wohl bewusst, wie leicht man in einem solchen Fall zu einer subjektiv gefärbten Deutung neigt.

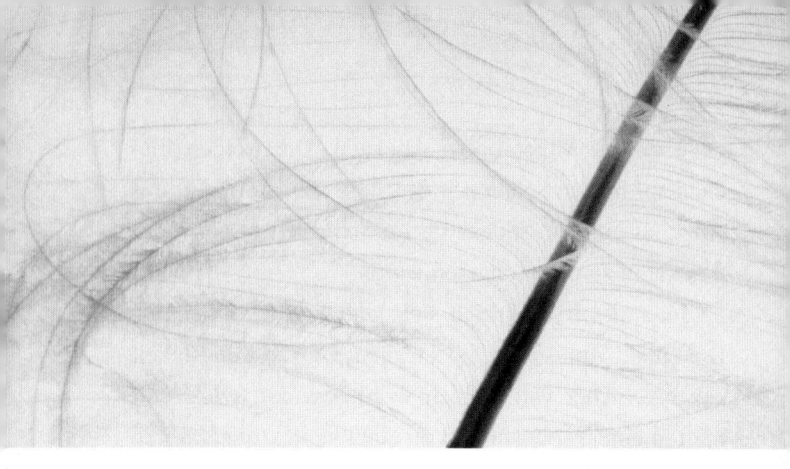

Die rettenden Ostereier

Im Ersten Weltkrieg kam der junge Johannes Hemleben an die Ostfront. Da er ein tüchtiger Reiter war, wurde er als Ordonnanz eingesetzt. Er bekam damals lebhafte Eindrücke vom russischen Volk. Später wurde er in weiten Kreisen als Priester und Schriftsteller bekannt. Mir war er ein naher Freund.

Bei einem Gespräch über die Engel, was und wie sie wohl sind, erzählte er aus seiner Kriegszeit:

«Unsere Truppen waren ziemlich weit auf russisches Gebiet vorgedrungen. Ein Kamerad, der auch als Ordonnanz diente, und ich waren zwei Offizieren zugeordnet, die den Auftrag hatten, weit und breit im feindlichen Land zu rekognoszieren. Es war Ostern – für die damals noch gläubigen Russen ein freudig-heiliges Fest. Am Ostersonntag grüßten sie sich mit dem Zuruf: ‹Christ ist erstanden!› Und die Begrüßten antworteten: ‹Wahrlich, er ist auferstanden!›

Doch für uns ging der Krieg weiter ohne Rücksicht auf Ostern. Auf Seitenwegen waren wir zu einer Brücke über einen ziemlich breiten Fluss gelangt. Da stiegen wir von unseren Pferden ab, meinem Kameraden und mir wurde befohlen, sie zu halten, während die Offiziere eine Anhöhe erstiegen, von wo aus sie das ferner liegende Land mit ihren Feldstechern überschauen konnten.

Gut, da standen wir auf dem Brückenkopf und hielten die Pferde. Ein wenig unterhalb lag ein Bauernhaus. Plötzlich kamen zwei Frauen aus dem Haus mit Ostereiern, winkten uns freundlich lächelnd zu und riefen in ihrer uns nicht verständlichen Sprache, dass wir herunterkommen sollten, sie wollten uns Ostereier schenken. Eigentlich war es nicht erlaubt, mit der Bevölkerung zu fraternisieren, man konnte ja vor einem Hinterhalt nie sicher sein. Doch hier schien es harmlos, eine ältere Bäuerin und ihre Tochter. So war die Versuchung groß. Wir führten unsere Pferde hinunter auf den Hof, wo wir recht herzlich mit Ostereiern beschenkt wurden.

Plötzlich gab es ein furchtbares Krachen. Eine Wolke von Staub und Sand stieg auf. Eine schwere Granate war eingeschlagen – genau auf dem Fleck, wo wir mit den Pferden gestanden hatten. Als wir hinschauten, war da nur ein großer Trichter in der Erde. Was wir gefühlt haben, lässt sich nicht leicht sagen. Nicht nur Ostereier – das Leben war uns ja geschenkt worden.»

Und was mag sich in den Herzen der Frauen bewegt haben? – Sie wollten doch nur dem österlichen Brauch folgen und zwei feindlichen Soldaten einen christlich-menschlichen Gruß bringen. Gewiss: Die Rettung scheint ein völliger Zufall zu sein, solange wir unwillig sind, unsere Vorstellung auf eine Welt geistiger Wesen zu erweitern. Tasten wir uns aber an eine solche heran, entsteht zunächst etwas wie ein Bild. Wir erahnen das Zusammenwirken der verschiedenen Engel, erahnen, dass sie auch andere, uns zunächst fernstehende Menschenseelen in ihr helfendes Wirken einbeziehen können.

Ein harter Fall

Sie war Witwe. Allein musste sie ihre drei Kinder versorgen. Leicht hatte sie es nicht, denn sie war in Wohlstand aufgewachsen und hatte nicht gelernt, jeden Pfennig, bevor man ihn ausgibt, zweimal umzudrehen.

Was sie und die Kinder zum Leben brauchten, musste zum größten Teil innerhalb der vier Wände ihrer Wohnung aufgebracht werden. Das einzige Werkzeug, das sie zu handhaben wusste, war die Feder. Sie konnte schreiben. Doch reichlich flossen die Einkünfte nie. Meistens hatte sie sich von Eisscholle zu Eisscholle hinübergerettet.

Noch hatten Alter und Sorgen ihrem Gesicht nicht die Anmut genommen. So konnte sie schon Eindruck auf einen Mann machen, besonders wenn er Sinn für ein «Spiel mit Goldäpfeln» hatte, ihre Bezeichnung für eine geistvolle Unterhaltung, eine Kunst, die sie selber meisterhaft beherrschte.

Wie es so geht – ein Mann tauchte am Horizont ihres Schicksals auf. Er näherte sich zurückhaltend, vornehm, doch offenbar mit sogenannten ernsthaften Absichten. Er bot ihr eine bedeutende Hilfe an: Entlastung von einer fast erdrückenden Bürde. Nicht zuletzt könnte er vielleicht für ihre Kinder ein väterlicher Freund werden – und: Sie war ihm nicht abgeneigt.

Eines Tages nun saß sie im Zug. Er hatte ihr geschrieben, sie möge ihn besuchen. Eine Entscheidung musste getroffen werden. Konnte sie sich auf das eigene Gefühl verlassen? Befand sie sich auf der Flucht vor ihrem eigenen Schicksal, oder war sie auf dem Wege zu einer neuen Lebensaufgabe?

Die Antwort auf diese und ähnliche Fragen erhielt sie, als sie aus dem Zug steigen wollte. Sie stolperte über das Trittbrett und stürzte auf den Bahnsteig, wo sie mit verstauchtem Fuß und furchtbaren Schmerzen liegen blieb. In dieser hilflosen Situation waren die äußeren Umstände ihrer Erscheinung natürlich nicht sehr attraktiv. Ein «Spiel mit Goldäpfeln» kam jetzt nicht in Frage. Sie wurde verarztet und ins Bett gebracht und lag da wie ein gestrandetes Wrack an einer fremden Küste.

Wie die Begegnung und der Abschied mit dem Mann verlief, hat sie nie erzählt.

«Allerdings ein harter Fall», sagte sie Jahre nachher mit leichtem Schmunzeln. Doch dann wurde sie ernst: «Wie viel härter wäre mein Leben geworden, wenn der Genius meines Schicksals nicht eingegriffen hätte! Der arme Mann verlor später völlig das Gleichgewicht. Er schloss sich einer Sekte an, in der er seine Identität vollständig aufgab.»

Das Zimmer hat er bekommen

In Dornach bei Basel sollte kurz vor Ausbruch des Ersten Weltkrieges das «Goetheanum» – vorerst «Johannesbau» genannt – errichtet werden. Aus vielen Ländern fanden sich Menschen ein, um an dem großen Werk mitzuarbeiten. Da kam nun auch der gute Herr von Mutach, damals etwa fünfunddreißigjährig, und wollte diesem Unternehmen seine Arbeitskraft zur Verfügung stellen.

Als Erstes musste er sich aber eine Unterkunft suchen. Zunächst kannte er sich im Dorf wenig aus, doch unweit des Baugeländes befand sich ein Haus, und da wollte er anfragen. Er klingelte, die Frau des Hauses erschien. Nach einer kurzen Vorstellung brachte er seinen Wunsch vor, ob sie ein Zimmer zu vermieten habe.

Die liebenswürdige Frau zögerte ein wenig. Sie könne wohl ein Zimmer freimachen, aber es ließe sich im Augenblick nicht gut besichtigen – es schlafe darin ihr kleines Töchterlein. Der Herr möge in einigen Stunden wiederkommen; bis dahin würde sie das Zimmer in Ordnung bringen.

Der Herr aber wollte das Zimmer partout und auf der Stelle. Zum nicht geringen Erstaunen der Frau – und hinterher nicht weniger zum eigenen Erstaunen – drängte er sich an ihr vorbei, lief die Treppe hinauf zum ersten Stock, öffnete sofort die richtige Türe und stürzte zum Bett. Da lag das kleine Töchterlein mit blauem Gesicht, fast am Ersticken. Er riss es hoch, ein Knopf fiel aus der Kehle des Kindes.

Die Mutter war ihm gefolgt. Nun standen sie beide da und schauten einander schweigend in die Augen.

Ja, das Zimmer hat er bekommen!

Im Auftrag des Engels

Nicht so selten, wie man vielleicht denkt, wird man also durch einen unerklärlichen Impuls zu einem ungewöhnlichen Tun getrieben. Erst hinterher kann man sich sagen, wieso und warum – als sei es im Auftrag einer höheren Macht geschehen. Davon haben wir einiges erzählt. Und hier, was die junge Eva Schickler erlebte:

«An einem grauen Novembertag saß ich in der Vorortbahn auf dem Heimweg von der Schule. Ich war damals in der Abschlussklasse und wollte lieber als junge Dame denn als Schulmädchen betrachtet werden. Nun saß ich am Fenster und schaute ein wenig verträumt in die vorbeihuschende Landschaft. Auf einmal wurde ich jäh aus diesen Träumen herausgerissen. Voller Unruhe blickte ich aus dem Fenster – war da nicht etwas Eigentümliches im Wald? Ich schaute zurück, es war nur eine Böschung zu sehen, von dichtem Gebüsch bewachsen, dahinter dunkle Fichten. Ich fühlte eine große Aufregung und Unruhe in mir, als ich an der nächsten Haltestelle ausstieg. Dort kam gerade der Bus, der Anschluss an den Zug hatte und mit dem ich nach Hause fahren sollte.

Doch was war das? Ich blieb wie festgenagelt stehen, von Zweifel und Unruhe hin und her bewegt. Schließlich lief ich doch auf den Bus zu, um ihn zu erreichen. Kurz vor dem Einstieg drehte ich mich dennoch um – ich konnte nicht anders, ich musste zurück. Der Bus fuhr weg. Ich lief, so schnell ich konnte, den Weg an der Bahnlinie entlang in Richtung der Waldböschung.

Da war aber nichts zu sehen außer Gebüsch und dahinter der Wald. Nein, nun zweifelte ich, ob das Ganze wohl nur eine Einbildung gewesen war. Aber die Aufregung wollte nicht nachlassen, und so kletterte ich die Böschung hinauf und lief hinunter in den Wald. Erschrocken und entsetzt blieb ich stehen, ich traute meinen Augen kaum: Aus dem tiefer im Wald gelegenen Moor starrte mich eine alte Frau an, die fast bis zum Hals im Sumpf eingesunken war. Es war ein schauderhafter Anblick! In das blasse trostlose Gesicht hingen vom Moor verklebte weiße Haarsträhnen herab. Ihr Blick war wie hypnotisch auf mich gerichtet und von einer Starre, wie ich es nie bei einem Menschen vorher gesehen hatte.

Es war keine Zeit zu verlieren. Ich watete der Frau entgegen, musste aber bald einsehen, dass ich selbst in dem Sumpf stecken bleiben würde. – ‹Warten Sie, warten Sie und seien Sie ganz ruhig!›, rief ich. So rannte ich zurück zur Hauptstraße, um Hilfe zu holen. Da kam ein junger Mann des Weges, den bat ich mitzukommen. Und nach einer mühevollen halben Stunde, wobei uns mein Poncho, zum dicken Seil gedreht, eine gute Hilfe war, hatten wir die Frau aus dem Sumpfe gezogen.

Sie war nackt und vor Kälte blaugefroren – ein Häufchen sauber gefalteter Kleider lag auf einem Baumstamm. Wir wickelten sie in unsere Pullover ein, und ich setzte mich zu ihr, während der junge Mann Polizei und Krankenwagen holte. Ein ruhiger, stumpfer Blick kam da aus den Augen der Frau, dann ein mattes Lächeln. Mir wurde ganz warm vor Freude, und ich fing an, ihre Arme und Beine zu reiben. Sie musste halb erfroren sein.

Nun ging alles sehr rasch, die arme Frau wurde abgeholt, und ich verabschiedete mich von dem jungen Mann. Dann nahm ich den nassen Poncho über den Arm und ging zu Fuß nach Hause. Kalt war es, meine Knie zitterten, aber ungeheuer froh war ich. Ich fühlte, dass ich einen geheimen Auftrag erfüllt hatte.

Am nächsten Tag erfuhr ich, dass die Frau schon seit zwei Tagen im Altersheim vermisst worden war. Sie hatte sich das Leben nehmen wollen und – wer weiß wie viele Stunden – in dem Moor gesteckt. Welch furchtbares Erlebnis das für sie gewesen sein mag! Ihr Glück war eine Steinplatte am Grund, die sie vor dem völligen Einsinken bewahrt hatte.

Nach ein paar Tagen besuchte ich sie. Da saß sie in einem Sessel und strahlte zufrieden. Die Blumen, die ich brachte, drückte sie fest an sich. Sie lächelte immerfort und murmelte etwas von Dank. Dies sollte der einzige Besuch gewesen sein, denn einen Monat später starb sie friedlich in ihrem Bett. Oft habe ich mich später gefragt, was mich bewogen hatte, den Weg zurückzugehen und die Böschung hinaufzuklettern. Denn wie ich später feststellen konnte, war das Moor vom Zug aus nicht zu sehen.»

Er sandte seinen Engel

Der schwedische Volksschullehrer Karl Sjöblom erzählt in seinen Erinnerungen, wie er um die vorletzte Jahrhundertwende in einer abgelegenen Gemeinde des nördlichen Bohuslän zu wirken hatte. Tiefe Wälder, kühle Seen, Bergkuppen aus Urgestein bildeten den Lebensgrund der zerstreut besiedelten Gemeinde.

Nun war da eine blutjunge Lehrerin aus mehr zivilisierten Gegenden angestellt worden. Das Schulhaus, in dem sie im ersten Stock ihre kleine Wohnung hatte, lag sehr einsam. So musste sie immer ein gutes Stück laufen, wenn sie an Veranstaltungen teilnehmen oder Freunde besuchen wollte, denn damals waren ja gewöhnliche Menschen zumeist auf die eigenen Beine angewiesen. Und so befand sich die junge Lehrerin eines Abends auf einem langen Heimweg.

So freundlich und zurückhaltend die Bevölkerung sich zumeist gab, es fanden sich darunter auch Raufbolde. Besonders wenn sie getrunken hatten, wurden sie laut und streitsüchtig und waren dann meistens auch nicht ganz harmlos. So stockte der Lehrerin das Herz, als sie einen Haufen wild fluchender, sich mit Fäusten schlagender Burschen entgegenkommen sah. In diesen Tumult wagte sie sich nicht hinein.

Doch was sollte sie tun? Rechts und links am Wege war finsterer, undurchdringlicher Wald, vorne dieser tobende Haufen, sie war am Verzweifeln. Mit dem Blick zu den Sternen gewandt, stammelte sie ein leises Gebet hervor: O Vater da oben im ewigen Licht, schaue auf mich in meiner Not, schicke deinen Engel, dass er mir hilft! – Kaum waren die Worte gesprochen, da durchzuckte es sie, und eine mächtige Stimme sprach: Folge mir! Vor ihr erschien eine mächtige Hünengestalt – wie aus dem dunklen Raum hervortretend. Mit langen ruhigen Schritten ging sie geradeaus den Weg mitten durch die sich schlagende Bande. Ohne Zögern und ohne weiter nachzudenken, wie von einer unsichtbaren Macht gezogen, folgte sie. Und welch ein Wunder! Die Streitsüchtigen teilten sich und standen plötzlich schweigend auf beiden Seiten des Weges da. Sie schienen weder zu sehen noch zu hören, dass da ein Fremder mit seinem Schützling zwischen ihnen hindurchschritt. Doch kaum hatten sie die Raufbolde hinter sich, da ging es weiter mit der Schlägerei und dem Gebrüll.

Die Lehrerin glaubte, und so erzählte sie später auch davon, sie sei unsichtbar durch die böse Gesellschaft gegangen. Sie habe wie in einem Traum die dunklen Föhrenstämme am Weg vorbeihuschen sehen, denn sie habe Mühe gehabt, den langen Schritten ihres Retters zu folgen. Doch Furcht kannte sie jetzt nicht. Sie ging von der Gestalt geführt weiter. Es war Frühling, auf den Seen lag noch Eis, es war aber ziemlich brüchig mit offenen Stellen dazwischen. Im Winter konnte sie den Weg abkürzen, indem sie über das Eis lief. Jetzt aber war es gefährlich. Die große Gestalt aber kümmerte sich nicht um die Gefahr, sondern schritt ruhig dem Eise zu und hinüber, als wisse sie genau, wo es noch tragfähig war. Und ehe die junge Lehrerin es fassen konnte, stand sie mit der fremden Gestalt vor dem kleinen Schulhaus, in dem sie ihre Wohnung hatte.

Bis jetzt hatte sie immer nur den Rücken des Fremden gesehen, doch nun wandte er sich um und nahm mit kurzem Gruß Abschied. Erst als sie in ihrem Zimmer saß und die Lampe angezündet hatte, begann sie über das sonderbare Erlebnis nachzudenken. Wer war diese Gestalt? Ein zufällig vorbeigekommener Mensch? Oder ein Wesen aus einer höheren Welt? Wie dem auch gewesen sein mag, jedenfalls erschien er auf ihre Bitte hin und wurde zum rettenden Engel.

Als sie am nächsten Morgen zum See hinunterging, war das Eis vollständig aufgebrochen. Es schien ihr ein Wunder, dass sie am Vorabend hatte hinübergehen können.

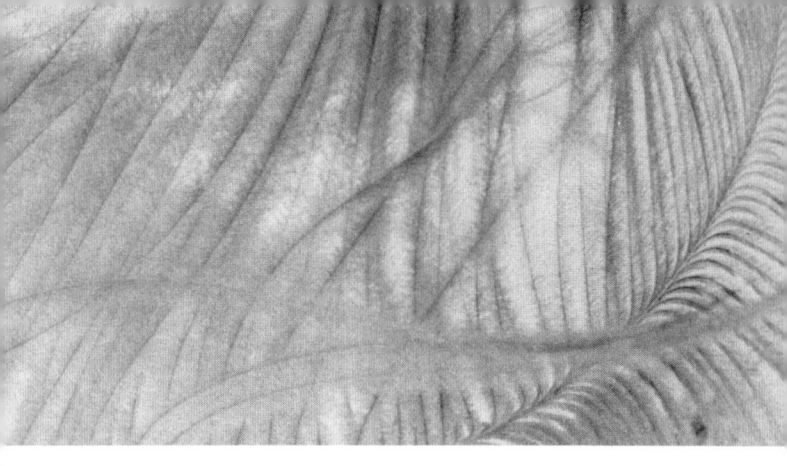

Sonderbare Warnung

Professor Otto Petterson, ein zu Anfang des 20. Jahrhunderts weltberühmter Ozeanograph, erzählte: «Als Student in Uppsala war ich mit dem späteren Professor Eisen befreundet. Er emigrierte nach Amerika, sein Fach war Archäologie, mein Fach lag auf einem anderen Gebiet. Und so verloren wir uns für einige Jahrzehnte aus den Augen. Erst als wir beide pensioniert waren, nahmen wir wieder Kontakt miteinander auf. Wir wechselten Briefe und erzählten uns, was wir Denkwürdiges erlebt hatten. Und nun berichtete mein Jugendfreund eine sonderbare Geschichte, die er in seiner Studentenzeit erlebt, mir aber damals nicht erzählt hatte.

Eines Abends war er nach Hause auf sein Studentenzimmer gekommen. Er meinte vollkommen nüchtern zu sein, hatte, soviel er sich erinnerte, nichts getrunken. Hier sein Bericht:

‹Ich öffnete nichts ahnend die Türe zu meinem Zimmer und sah – Gott verzeihe mir – mich selbst in meinem Bett liegen! Ich schlug die Türe sofort wieder zu und stand mit klopfendem Herzen eine Weile da. Es musste ja eine Sinnestäuschung sein, dachte ich, öffnete wieder vorsichtig, so viel, dass ich durch den Spalt gucken konnte. Da lag ich noch wie zuvor ganz still auf dem Rücken, wie tot. Ich machte zu und lief hinaus auf die Straße. Nicht weit entfernt wohnte ein Kamerad, und bei ihm klopfte ich an. Er war schon zu Bett gegangen, etwas schlaftrunken machte er auf. Ich stotterte eine im Augenblick erfundene Entschuldigung hervor und bat, auf seinem Divan übernachten zu dürfen. Er hatte zum Glück nichts dagegen. In der Nacht konnte ich verständlicherweise keinen Schlaf finden. Als aber die Morgensonne hereinschien, mein Freund erwachte und seine Wirtin mit frischem Kaffee hereinkam, kehrte die Munterkeit zurück. Ich musste plötzlich laut lachen. – Du wirst wohl fragen, warum ich gestern Abend hereingestürzt kam, sagte ich und erzählte, was ich durch den Türspalt gesehen hatte. Nach einigen humorvollen Bemerkungen machten wir uns auf den Weg, um nachzuschauen, ob ich immer noch in meinem Bett lag. Als wir die Tür öffneten, verstummte unser Lachen. An dem einen Ende meines Bettes hatte ein hoher Ziegelofen gestanden. Dieser war in der Nacht über mein Bett zusammengestürzt und hatte es völlig zerschlagen.›»

Im Walde verirrt

Karl Sjöblom erzählt: «Unaufhörlich fiel der Schnee. Große Flocken legten lautlos einen weichen Teppich über das Land und zugefrorene Seen, während die hochstämmigen jungen Birken sich unter der weißen Wucht beugten und gleichsam Ehrenpforten über dem Weg bildeten, auf dem ich in der Abenddämmerung heimwärts wanderte. Nicht der leiseste Wind regte sich, kein Säuseln war zu hören, es herrschte vollkommene Stille. Und doch flüsterte mir eine Stimme etwas zu – als wollten verborgene Geister mir ein Geheimnis anvertrauen. Bei einer solchen einsamen Wanderung wird es einem oft sonderbar zumute.

Immer dichter schneite es, schon wurde es dunkel, und noch hatte ich ein gutes Stück Weg vor mir. Da blieb ich unversehens stehen – was war denn das? Eine frische Fußspur quer über dem Weg? Und nicht von einem Tier, von einem Menschen! Wer konnte das gewesen sein? Ein Mensch, der sich bei anbrechender Dunkelheit in diese unheimlich ausgedehnten Wälder begab?

Sonderbar, etwa zwanzig bis dreißig Schritte weiter, da kam die Spur wieder aus dem Wald, folgte dem Weg ein kleines Stück und wich wieder ab in den Wald. Eine frische, noch nicht verschneite Spur, und zwar von einem Kind! Ich erschrak – ein Kind einsam in diesem bald pechschwarzen Wald, wo sogar Erwachsene Mühe haben würden, einen Pfad zu finden?

Mir wurde klar: ein verirrtes Kind! Da war keine Minute zu verlieren, der Spur musste gefolgt werden. Ich zündete meine Laterne an, empfahl mich in Gottes Hut und begab mich in den Wald. Der Schein der Laterne ließ mich einigermaßen sehen, doch wie lange würde das Öl reichen? Das war die beängstigende Frage. Ich musste die Flamme so niedrig wie nur möglich halten. Immer wieder rief ich mit lauter Stimme, bekam aber keine Antwort. Das tiefe Schweigen der dunklen Einöde hinterließ jedesmal einen Schrecken in mir, als hätte ich die unsichtbaren Geister des Waldes gestört.

Unglaublich, wie ein irrender Mensch seine Spur kreuz und quer durch die Wildnis ziehen kann. Da bog sie um einen Felsen, dort in die Richtung nach einem Moor. An einer Stelle war der Schnee zusammengeknetet, da hatte sich das müde Kind vermutlich hingelegt, geweint und nach seinen Eltern gerufen …

Weiter ging die Spur. In der Dunkelheit hatte das Kind nicht gesehen, dass es an den Rand eines steilen Abhangs geraten war, wo es wohl hinuntergerutscht sein musste. Ich beugte mich über die Tiefe und rief. Todesstille. Vorsichtig begann ich den steilen Hang hinunterzuklettern, verlor den Halt und rutschte ab. Der Schnee aber hatte Steine und Wurzeln weich eingebettet, sodass ich unten heil ankam. Da fand ich die Spur wieder.

Auf diese Weise vergingen fast zwei Stunden. Zum Glück schneite es nicht mehr, sondern der Mond war aufgegangen, und in seinem Schein sah ich endlich einen kleinen dunklen Hügel im Schnee. Vollkommen erschöpft war das Kind umgefallen, hatte versucht, weiterzukriechen, bis es nicht mehr konnte. Das ausgehende Licht meiner Laterne fiel auf das verweinte

Gesicht eines kleinen Mädchens. Als ich es aufhob, atmete es schwer und schluchzte: ‹Mama, Mama!›

Es schlief gleich wieder ein – ja, das wäre ein Schlaf in den Tod geworden, wenn nicht eine gute Vorsehung den einsamen Wanderer auf deine Spur geführt hätte!

Ich streifte den Überrock ab und wickelte das Kind darin ein. Dann begann ein langes Tragen. Woher ich die Kräfte nahm, weiß ich nicht mehr. Doch wusste ich so ungefähr, wo wir waren, und schlug die Richtung nach der Landstraße ein. Mir war, als wäre ich plötzlich ein anderer Mensch geworden. Nie habe ich mich später dem Atem und dem Geist der Natur so verbunden empfunden. Es war, als öffnete das All seinen Schoß und ließe mir eine Kraft zukommen, die sonst vielleicht nur zu ahnen ist und nur in seltenen Augenblicken wirklich erlebt werden darf. Und das Kind auf meinem Arm schlief friedvoll. –

Gott segne dich, sprach es dankbar in mir. Wenn du einmal groß bist und dich in der Welt verirrst, möge dir dann der Höchste seinen Engel schicken, dass er dich auf seinen starken Armen zurück ins wahre Vaterhaus bringt … »

Kaum zu glauben

Geschichten «vom glücklichen Zufall» können unzählige erzählt werden. Oft sind sie so unglaublich, dass wir sie schwerlich für wahr halten können. Oder vielleicht umgekehrt: Weil sie so unglaublich sind, lässt sich schwer denken, dass sie erfunden sind. Denn wer eine Geschichte erfindet, wünscht doch, dass man ihm glaubt. Darum darf seine Dichtung nicht allzu unwahrscheinlich anmuten.

Diese Erwägungen musste ich zu Hilfe nehmen, als mein Freund und Kollege – Lehrer an der gleichen Schule – von dem Erlebnis seines Onkels erzählte. Dieser, damals ein Herr in mittleren Jahren, saß eines schönen Sommertages in seiner Wohnstube. Es war sehr warm, das Fenster stand offen.

Wie er so saß, ließ er die Zeitung, oder was es nun war, sinken, stand auf und ging zum Fenster. Da machte er auf einmal etwas, was er sonst sehr selten tat. Mit einem tiefen: «Ah, wie herrlich!» streckte er beide Arme aus dem Fenster. Und da – fällt ihm ein Kindlein in die Arme!

Gelogen? – Mein Freund versicherte, sein Onkel sei ein ganz nüchterner Mensch gewesen, der nie irgendeinen Firlefanz betrieben hätte. Das Kind war aus dem Fenster in der Etage über ihm gefallen.

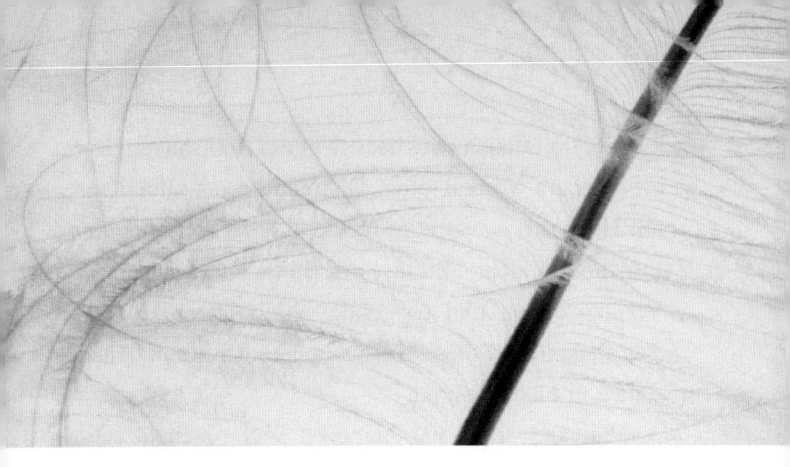

Über die Kante des Kais

Früh an einem grauen und kalten Februarmorgen stand mein Freund, der Schiffsmakler, am Fenster in seinem Büro und schaute ein wenig zerstreut hinüber zum Kai. Es war Montag, der tagsüber lebhafte Betrieb hatte noch nicht begonnen. Auf der Straße und dem breiten Platz waren kaum Menschen zu sehen; auf dem Kai standen einige Autos. Alles ganz normal. Da sieht er, dass ein Auto sich in Bewegung setzt, langsam geradeaus fährt und – über die Kante des Kais in der Tiefe verschwindet!

Mit einem lauten Ruf stürzt mein Freund zur Tür, die Treppen hinunter, quer über den Platz auf den Kai hinaus. Im offenen Packhaus liegt ein Bootshaken. Den greift er im Vorbeilaufen, während er aus aller Kraft um Hilfe ruft – was aber niemand hört. Zwischen den Eisschollen sieht er die lufterfüllte Parka-Jacke des Verunglückten, und es gelingt ihm, ihn am Kragen einzuhaken. Auf diese Weise kann er den Mann halten, sodass er nicht versinkt.

Niemand sonst hat bemerkt, was geschehen ist, niemand hört seine Rufe. Es ist schwer, den halb Ertrunkenen so weit über Wasser zu halten, dass er womöglich gerettet werden kann. Mein Freund ist am Verzweifeln. Da hält ein Auto, der Fahrer hat bemerkt, dass etwas geschehen ist, und kommt zu Hilfe. Mit vereinten Kräften versuchen sie den Verunglückten aus dem Wasser zu ziehen, doch vergebens. Inzwischen haben aber die Leute im Büro meines Freundes die Polizei angerufen, endlich kommt sie angefahren, und der Mann wird scheinbar leblos aus dem eiskalten Wasser gezogen.

Es muss schnell gehandelt werden, denn er hat viel Wasser geschluckt. Man versucht, die Atmung in Gang zu bringen. Da kommt die Ambulanz, und er wird in ein Krankenhaus gebracht. Zunächst wird er für «klinisch tot» erklärt, aber durch intensive Behandlung gelingt es, ihn wieder zum Leben zu bringen. Erst nach mehreren Wochen kann er das Krankenhaus verlassen.

Er schreibt meinem Freund, seinem «rettenden Engel»:

«Nun bin ich so gut wiederhergestellt, wie das nach den vorliegenden Umständen möglich war. Ich bin aber ein ganz anderer, ein neuer Mensch geworden! Meine Art zu sein hat sich so verändert, dass meine Angehörigen mich kaum wiedererkennen ... »

Schiffbruch am Weihnachtsabend

Im Inselmeer vor der schwedischen Westküste liegt eine kleine Insel, «Kohlkopf» genannt. Der Name rührt von der runden Kuppe, die sich aus dem Meer erhebt. Unten, dicht am Wasser, liegt das alte Wohnhaus. Heute dient es nur als Ferienhaus, doch im vorigen Jahrhundert lebte hier eine Fischerfamilie, Mann und Frau mit einer großen Kinderschar. Und hier trug sich an einem Weihnachtsabend ein Geschehnis zu, so unglaublich, dass es bis zum heutigen Tag nicht in Vergessenheit geraten ist. Am Vormittag – dem Adam-und-Eva-Tag, wie er genannt wurde – war der Hausvater in der Stadt gewesen, um ein wenig für das anstehende Fest einzukaufen. Als er heimwärts segelte, hatte er den Wind gegen sich. Die Wolkendecke hing tief herab über die See. In der Luft lag etwas, das er nur allzu gut kannte – als ob sich eine geballte Faust hinter den Wolken verbarg. Der Fischer kannte jedoch jedes Riff unter Wasser, jeden verborgenen Felsen, und so hatte er keine Schwierigkeit, sich durch das tückische Gewässer hindurchzumanövrieren.

Nach und nach hatte sich der Wind zu einer steifen Kühle gesteigert. Und während die Leute auf «Kohlkopf» alles für den Heiligen Abend vorbereiteten, wurde es ein richtiger Sturm.

«Gott behüte alle, die heute Nacht auf hoher See sind», sagte die Hausfrau. Bei Weststurm und flutender See gingen die Wellen bis an die Grundmauer des Hauses. Vielleicht war nicht einmal der Sturm das Schlimmste, sondern der Schnee, der immer dichter trieb. Bei schlechtem Wetter pflegten sie eine primitive Laterne oben auf der runden Kuppe anzubringen. Doch in dieser Nacht würde das wenig nützen, denn bei dem Schneegestöber verlor sich das Licht schon auf wenige Schiffslängen.

Viele Worte wurden nicht gesprochen. Vom kleinsten Kind bis zum Hausvater waren sie alle im großen Bottich gewesen. Jetzt saßen sie hübsch gewaschen um den gedeckten Tisch. Brot war aufgeschnitten, auf dem Herd stand der dampfende Kessel. Draußen aber rüttelte der Sturm an Wänden und Dach, während die Wogen bis an die Grundmauer des Hauses schlugen. Vor dem Hausvater lag die Heilige Schrift aufgeschlagen. Soeben war das Gebet gesprochen – da geschah es! Mit einem ohrenbetäubenden Krach schlug das Bugspriet eines Schiffes durch das Fenster!

Im Nu war der Raum in ein Durcheinander von umgeworfenen Stühlen und erschrockenen Menschen verwandelt. Nur der Hausvater verstand sofort, was geschehen war: hinaus in den Sturm mit Laternen und Bootshaken, er und die ältesten Söhne! Schreie und abgebrochene Kommandoworte waren durch das Getöse der Brandung zu hören. Es krachten der Kiel und die Spanten, das Schiff gab nach und krängte. Ein Seil kam durch die Luft geflogen, wurde von einem der Jungen aufgefangen. Schweres Tau folgte und wurde befestigt.

Einer nach dem andern konnten die Seeleute sich retten, während das Schiff an den Felsen zerschlug. Der Steuermann war angebunden gewesen, damit er wegen des starken Seeganges das Steuer nicht verrückte, den musste man erst losschneiden. Als Letzter kam der Kapitän, damit waren alle geborgen.

Es war ein englisches Schiff, und Englisch verstand niemand auf der kleinen Insel «Kohlkopf». Noch weniger verstanden die Schiffbrüchigen Schwedisch. Doch eine Sprache verstanden sie, die der Dankbarkeit. Das Fenster wurde, soweit möglich, dicht gemacht. Und in dem bescheidenen kleinen Haus wurde ein unvergessliches Weihnachtsfest begangen. Wieder einmal bewahrheitete sich das alte Wort: Wo es offene Herzen gibt, da gibt es auch ein offenes Haus. Sogar zu essen gab es für alle genügend. Das sei allerdings auch ein Wunder gewesen, meinte die Hausfrau, wenn sie später die Geschichte erzählte. Und während draußen der Sturm und das Meer tobten, wurden drinnen schwedische und englische Weihnachtslieder gesungen. Hoch über den Wolken aber hatte sich die geballte Faust gelöst. Über die Erde breiteten sich segnende Hände.

Wo war der Engel?

Einige der Geschichten bedenkend, die im Vorangehenden erzählt wurden, werden viele Menschen geneigt sein, nur vom «glücklichen Zufall» zu sprechen. Vielleicht nicht ganz zu Unrecht – doch müsste dann zunächst geklärt sein, was unter dieser Bezeichnung zu verstehen ist.

Die Weisheit der Sprache deutet an: Da fällt uns etwas zu! – Nicht aber wird gesagt, woher oder von wem … Jemand blieb zufällig einen Augenblick auf der Straße stehen und entging dem vom Dach rutschenden Eis. Ein anderer verpasste seinen Flug und stürzte deshalb nicht ab. Und so weiter.

Wer nun tatsächlich einen solchen oder ähnlichen Zufall erlebt, der empfindet für einen Moment etwas wie ein innerliches Aufwachen. Zugleich fühlt er sich vor eine Rätselfrage gestellt: Was kommt in diesem Geschehen zum Ausdruck? Was ist der Sinn dieses Zufalls? Denkt man über die Sache nach, kann man sich sagen: Ein äußerer Naturvorgang enthält an sich nichts Zufälliges. Da folgt jedes Glied des Geschehens notwendig aus dem Vorangehenden. Das Eis, das vom Dach herunterfällt, und der Mann auf der Straße, der seinen menschlichen Absichten nachgeht, befinden sich in einem Strom, wo das eine mit dem anderen verknüpft ist. Erst wo sich die beiden voneinander völlig unabhängigen Verkettungen überkreuzen, entsteht, was wir als Zufall erleben – eine Art von Riss oder Spalt in der uns umgebenden alltäglichen Wirklichkeit.

Und da taucht die Frage auf. Man fühlt sich veranlasst, durch den «Spalt» hindurchzuschauen, um vielleicht ahnend einer Schicksalsführung gewahr zu werden.

Nun gibt es ja Zufälle, die scheinbar zu gar nichts führen. Sogar die allermeisten. Sie werden sozusagen von den schicksalsführenden Mächten belassen, wie sie sind. Vielleicht dürfen wir sie mit Lebenskeimen vergleichen, die unbefruchtet bleiben. So gesehen, würde dann die Befruchtung bedeuten, dass der Zufall von einer schicksalsbestimmenden Macht, einem wirklichen Wesen, aufgegriffen wird und somit einen Sinn erfährt. Wo das nicht geschieht, löst sich der Zufall wie eine liegengebliebene Möglichkeit auf und zerfließt im Strom des Lebens. Bisher wurde hier von glücklichen Zufällen berichtet. Es gibt aber genauso oft den Zufall, durch den ein Unglück herbeigeführt wird. Da erhebt sich die bedrückende Frage: Wo war der Engel? – Auch davon ein Bericht:

Unserem vierjährigen Sohn war die Großmutter gestorben. Seine Eltern hatten versucht, ihm begreiflich zu machen, was damit geschehen war. Eine kleine Zeit verging, es kam die Adventszeit mit einem milden Winter. Und nun standen Vater und Kind in der Abenddämmerung und bewunderten einen hellleuchtenden Stern. Auf einmal sagt das Kind: «Da ist jetzt die Großmutter!» Und nach einem kurzen Schweigen mit innerer Überzeugung: «Ich kann nicht sterben – ich!»

Kurz nach Weihnachten wurde es kalt. Der kleine Fluss unten in der Schlucht fror zu, es schneite, und die Schlitten der Kinder konnten endlich benutzt werden. «Doch nicht zu weit die lange Straße hinunterfahren», ermahnte der Vater. Denn zufällig hatte er seinen kleinen Knirps erwischt, als er sich mit zwei älteren Jungen viel zu weit von zu Hause wegbegeben hatte. – «Nur bis zum Querweg!» Ja doch, der Kleine hatte verstanden.

Mein Tag in der Schule ging zu Ende. Noch saß ich ein Stündchen und plauderte mit ein paar Kollegen. Da läutete das Telefon. Eine Nachbarin rief an: unser Kleiner sei ins Wasser gefallen …

Ins Wasser? – Ein Taxi wurde bestellt. Ich kam zu dem Querweg. Polizei und Rotes Kreuz waren schon da. Eine furchtbare Ahnung überwältigte mich, denn dieser Weg führte steil hinunter auf den zugefrorenen – doch nicht ganz zugefrorenen – Fluss. In der Mitte war eine Stromschnelle mit offenem Wasser …

Stotternd berichteten die beiden kleinen Freunde: Sie waren alle drei auf ihren Schlitten die lange Straße bis zum Querweg hinuntergefahren. Nicht weiter, denn so hatte es ja der Vater des Kleinsten geboten. Nun saßen sie eine Weile auf ihren Schlitten. Dann sei ein ganz lieber Hund gekommen. Den hätten sie gestreichelt. Und als der Hund weiterlief, folgten sie ihm nach, hinunter aufs Eis, wo sie die offene Stromschnelle entdeckten. Und da begannen sie das Spiel, kleine Eisbrocken ins Wasser zu werfen. Es war aber sehr glatt, und der Kleinste glitt hinab in den Wirbel und verschwand.

Der entseelte Körper wurde gefunden. Eine ewigkeitsnahe Bestattung bildete den Abschluss seines kurzen Besuches auf der Erde.

«Ich kann nicht sterben – ich!»

Nach vielen Jahren hört der Vater noch immer das Echo des kindlichen Vertrauens in die Unsterblichkeit der Seele. Irdisch gesehen, standen wir da vor einem durch mehrere Zufälle herbeigeführten Unglück. Denn wir können Glück und Gut nur am Leben ermessen. Und doch lässt sich eine Schicksalsführung ahnen, eine Regie, als ob ein höherer Wille am Werk wäre.

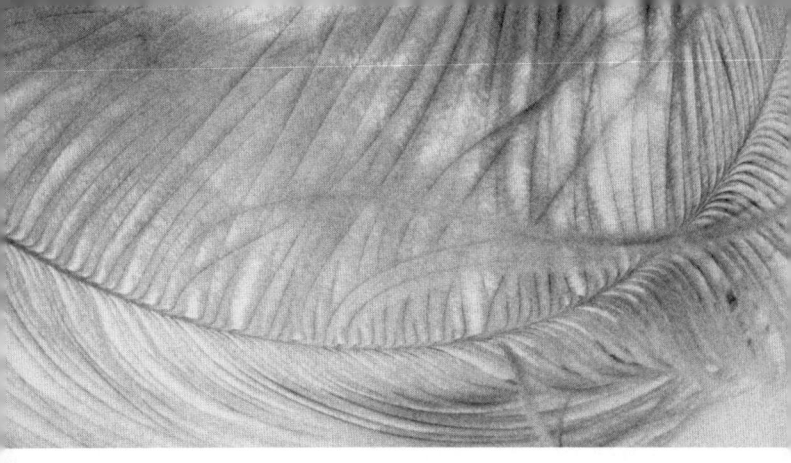

Nur ein Zufall?

So fragte sich ein altvertrauter Freund. Er berichtet: «Im Dunkel eines Schrankes in unserem Haus befanden sich zwei antike Leuchter. Sie waren zu einer Hochzeit geschenkt worden – nicht aber zur Hochzeit von meiner Frau und mir. Nein, meine Frau hatte die Leuchter aus einer ersten, gescheiterten Ehe mitgebracht.

Eines Tages, als ich ein wenig aufräumte, fiel mein Blick unwillig auf die beiden Leuchter. – ‹Was denkst du, mein Schatz›, fragte ich, ‹soll mit diesen Leuchtern geschehen?› Darüber hatte sich meine Frau keine besonderen Gedanken gemacht. – Verschenken? Nun, sie hatten nicht viel Glück gebracht. Nach einigem Hin und Her einigten wir uns, dass die Leuchter in dem Antiquitätengeschäft, in dem sie gekauft worden waren, gegen etwas anderes umgetauscht werden sollten.

Dieser Vorsatz blieb zunächst nur Gedanke. Doch nach einiger Zeit sagte ich: ‹Morgen nehme ich die Leuchter mit in die Stadt.› Als aber der Morgen kam, war das Wetter so unwirsch, dass ich es unterließ. Eine Woche oder mehr verstrich, da hatte ich in der Stadt zu tun und wollte die unbequemen Leuchter mitnehmen. Aber kaum zu glauben – ich vergaß sie!

Endlich befand ich mich eines Tages unterwegs mit den Leuchtern in meiner ledernen Tasche. Als ich aus der Vorortbahn stieg, sah ich einen Herrn, den ich eigentlich hätte begrüßen sollen. Doch was ich in der Tasche hatte, kitzelte mich im Magen, und ich unterließ es. Das wiederholte sich auf der Straße mit einer zweiten Person. Anderswo hinguckend schlich ich vorbei. Auf diese Weise gelangte ich zum Ziel. Ich trat ein. Bis auf eine Verkäuferin war der Laden leer. Ob der Inhaber, den ich kannte, zu sprechen sei? – Nein, der war eben ausgegangen. Etwas zögernd erklärte ich, warum ich gekommen sei, dass ich zwei antike Leuchter hätte, die ich gern gegen etwas anderes tauschen wolle. ‹Ich lasse sie jedenfalls hier›, sagte ich, ‹bitte grüßen Sie und sagen

Sie, dass ich anrufen werde.› Dagegen war ja nichts einzuwenden, und so holte ich den einen Leuchter aus der Tasche hervor. Ich hielt ihn in der Hand – in dem Augenblick ging die Türe auf. Wer trat ein? Kein anderer als der frühere Mann meiner Frau, dem die Leuchter ja auch zur Hochzeit geschenkt worden waren. Und ich? – In flagranti ertappt! – Es gibt kaum Worte, die meine Beschämung zum Ausdruck bringen könnten, denn da stand ich und verkaufte das kostbare Geschenk, das er und seine damalige Braut zu ihrer Hochzeit bekommen hatten! Wie ich die Minuten überstand, bis ich wie ein geprügelter Hund wieder auf der Straße stand – ich weiß es nicht! Ich weiß aber, dass mir etwas zum Bewusstsein kam, eine verdrängte Schuld ...»

Nachträgliche Überlegung: Zwei- oder dreimal wurde der Mann von seinem Entschluss, mit den Leuchtern in die Stadt zu fahren, abgehalten. Und als es endlich geschah, hätte er durch die Begegnungen mit zwei Bekannten aufgehalten werden können – und die fatalen Leuchter wären dem Hereintretenden nicht in der entscheidenden Sekunde zu Gesicht gekommen! Rein mathematisch kann man ausrechnen, dass die Möglichkeit für einen solchen «Zufall» gleich null ist. Und der es erlebte, weiß: Das war eine Schicksalsführung.

«Deine Emma»

Wer auf eine längere Erdenzeit zurückschauen kann, findet da oder dort Knotenpunkte des Schicksals, vielleicht auch etwas wie einen Engpass, durch den er hindurchmusste. Danach änderte sich das Leben sehr, nahm vielleicht eine ganz andere Richtung. Im Rückblick mag sich der Betreffende manchmal fragen: Wo war wohl bei diesem Engpass mein Engel – war er ab- oder anwesend?

Oft steht man da vor Lebensrätseln, die im Diesseits kaum eine Lösung finden. Davon wusste Natalie Munch, meine längst verstorbene Großmutter, zu erzählen. Sie und ihre Geschwister verlebten schöne Jahre ihrer Jugend in Rom, wo ihr Vater Forschungen in den Archiven des Vatikans betrieb. Damals – das schicksalsschwere zwanzigste Jahrhundert hatte noch nicht begonnen – wurde die Familie Munch mit einem älteren deutschen Herrn namens Masthaler befreundet. Dieser Masthaler, eine vornehme, liebenswürdige Erscheinung, war unverheiratet geblieben und hatte sich nach einer erfolgreichen Geschäftstätigkeit zurückgezogen, um seinen Lebensabend in Rom zu verbringen.

Eines Tages sollte nun Natalie eine Einladung für Herrn Masthaler überbringen. Damals gab es ja kein Telefon, also musste sie in seine Wohnung gehen. Sie fand ihn mit einer kleinen Aufräumung beschäftigt. Er hatte soeben eine Schublade ausgezogen und hielt einen seidenen, schön gestickten Geldbeutel in der Hand, wie damals üblich in Form einer schmalen Wurst, in der Goldmünzen aufgestapelt werden konnten.

Das junge Fräulein Natalie bewunderte die schöne Arbeit und fragte, ob sie den Beutel leihen dürfe, um einen ähnlichen zu machen. Etwas ungehalten nahm Masthaler den Beutel zurück und warf ihn in die Schublade. Dann aber entschuldigte er sich und holte ihn mit einer verlegenen Bemerkung wieder heraus: «Nun ja, wenn Sie ihn besonders schön finden ...»

Nach einiger Zeit hatte Natalie ihren Beutel fertig

und begab sich mit dem geliehenen zu Herrn Masthaler. Er empfing sie mit seiner gewohnten Liebenswürdigkeit. Sie begrüßte ihn mit einem neckischen Lächeln: «Sehen Sie, Herr Masthaler, was ich in dem Beutel fand – einen goldenen Ring. Und hier: ‹Deine Emma›!» Masthaler griff nach der Lehne eines Stuhles, sein Gesicht verfärbte sich. «Deine …», stotterte er, konnte aber den Satz nicht zu Ende sprechen. Die erschrockene Natalie wollte ihm behilflich sein. Er wies sie zurück: «Entschuldigen Sie, Fräulein Munch, mir ist nicht ganz wohl. Ich muss Sie bitten, lassen Sie mich für heute allein … »

Ziemlich beklommen verabschiedete sich die junge Dame. Doch einige Tage später erhielt sie ein Billett mit der höflichen Bitte, Herrn Masthaler einen kleinen Besuch abzustatten. Sie fand ihn ruhig und besonnen. Zunächst bat er um ihre Nachsicht wegen seines sonderbaren Benehmens bei ihrem vorigen Besuch. Jetzt wollte er ihr erzählen, warum ihm der Ring mit «Deine Emma» so ans Herz gegangen war.

«Als junger, unbemittelter Mann», begann er, «war ich in einem Hamburger Handelshaus angestellt. Die Verhältnisse waren recht patriarchalisch, und ein paar Mal im Jahr gab es für uns Angestellte Einladungen in die Familie unseres Prinzipals. Da sah ich Emma, seine Tochter. Auch wenn er während des Tages einen Bescheid an seine Frau geben wollte, schickte er meistens mich. Auf diese Weise lernte ich sie kennen. Und wie das nun zuging – eine unbezwingliche Zuneigung bemächtigte sich meiner. Doch um ihre Hand zu bitten, daran war nicht zu denken. Der gesellschaftliche Unterschied war zu groß. Nach und nach glaubte ich aber doch, eine geheime Sympathie in ihren Augen zu lesen.

Kurz, die selige Pein meines Herzens wurde immer unerträglicher. War ich allein, flüsterte ich ihren Namen vor mich hin, saß ich am Pult, wollte die Feder ihn immer wieder schreiben. Endlich fasste ich Mut und entschloss mich, Emma durch einen Brief den Zustand meiner Seele zu offenbaren – zugleich aber auch, wie bescheiden meine Aussicht auf die Zukunft und wie dreist meine Hoffnung auf eine entgegenkommende Antwort sei.

Die Spannung, mit welcher ich auf eine Antwort wartete, lässt sich nicht beschreiben. Und als nach vierzehn Tagen eine Art von Antwort kam – war es ein, wie ich damals vermutete, leerer Geldbeutel! Ohne ein Wort! Das konnte ja nur ein höhnischer Hinweis auf meine Armut sein. In meiner Verzweiflung habe ich nicht weiter nachgeschaut, habe den Ring nicht gefunden. Ich tat einen grimmigen Schwur: Der Beutel sollte voll, aber nicht ihr zu Füßen gelegt werden!»

Dem alten Herrn stockte der Atem. Dann sprach er: «Wissen Sie, Fräulein Munch, ich habe ein hartes Leben hinter mir. Der Beutel wurde voll, mein Herz aber blieb leer ...» Er hielt eine Weile inne. Dann entrang es sich ihm: «Es hat nicht sein sollen. Gott allein weiß, warum.»

Zum Andenken schenkte er meiner Großmutter den Ring mit den eingravierten Worten «Deine Emma».

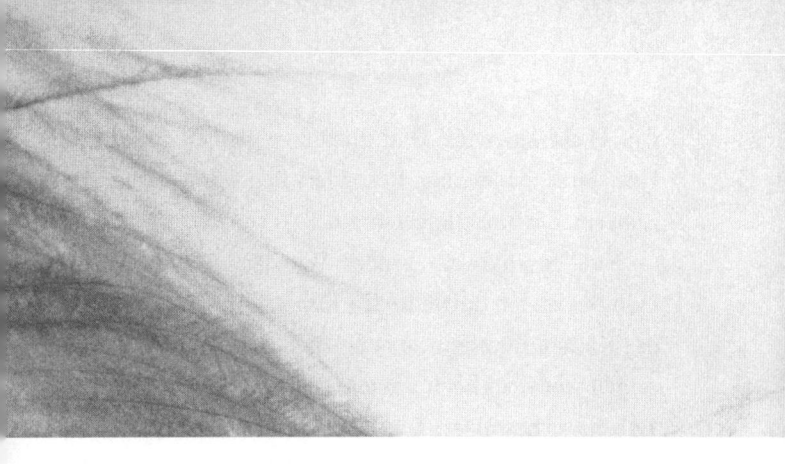

Von Gott geliehen

Im Leben gibt es mitunter Augenblicke, in denen ein Mensch uns wie in Vertretung eines Engels entgegenkommt, helfend oder ein Wort sprechend, das uns unvergesslich bleibt. Zum Bewusstsein kommt uns das vielleicht erst nach vielen Jahren. So taucht mir eine Erinnerung aus der eigenen Kindheit auf.

Als achtjähriger Bub verbrachte ich einen Sommer lang auf einem Bauernhof weitab in einem Bergtal. Damals ging es noch wunderbar altmodisch zu auf so einem Hof. Während des Sommers befand sich das meiste Vieh oben auf einer Alm in den Bergen. Doch zwei Kühe waren noch unten, damit man Milch für den Haushalt hatte. Und zu diesen beiden fasste ich eine starke Zuneigung. Besonders lieb war mir aber die Bäuerin, die uns alle versorgte.

Nun geschah ein großes Wunder: Die eine Kuh kalbte! Und ich durfte in den Kuhstall mitkommen, um das Kalb in Empfang zu nehmen. Schon stand es da auf seinen vier wackligen Beinen. Dann sollte aber auch die Kuh etwas besonders Gutes bekommen, eine Brühe von frischen Wacholderzweigen und Mehl. Um diese Brühe heiß zu machen, hatte man im Kuhstall einen Ofen mit einem großen Kessel. Und während die liebe Jorun – so hieß die Bäuerin – das Kalb mit Stroh ein bisschen abwischte, sollte ich nun das Feuer unter dem Kessel schüren. Das wollte mir aber nicht recht gelingen, vermutlich war das Holz nicht ganz trocken. Da nahm ich etwas trockenes Heu, um damit das Feuer anzufachen.

Das sah Jorun. Unvergesslich ist mir, wie sie mein Gesicht zwischen ihre Hände hob, mir mild in die Augen schaute, indem sie sagte: «Das darfst du nicht tun! Denn das Heu ist den Kühen, was uns Menschen das Brot. Beides wird uns von Gott geliehen, ist nicht ein Besitz, den wir unnütz verschwenden dürfen!»

Mutter Inez

Mutter Inez kannte ihren Engel. Denn er hatte sie durch ihr tatenreiches Leben geführt. Daraus machte sie keinen Hehl. Bei uns war der Vater krank geworden. Für eine ziemlich lange Zeit verordnete der Arzt absolute Ruhe im Haus, und so wurde ich zu Mutter Inez geschickt. Weitab an der schwedischen Grenze wohnte sie, umgeben von endlosen Wäldern. Da war ihr Mann Zöllner. Einsam lag das Haus, aber voll von großen und kleinen Kindern. Wer zu ihr kam, kam in ein Haus, in dem immer die Sonne schien!

Wenn sie lächelte, und das tat sie, sooft sie uns Kinder sah, wurden ihre Augen zu kleinen Schlitzen voll Licht, und das helle Haar stand ihr wie eine Leuchtkrone um den Kopf. Meistens war sie emsig beschäftigt, denn es wimmelten die Kinder nur so um sie herum. Und doch fand sie Zeit für jedes einzelne.

Die Kinder waren tüchtig und halfen im Haus. Das lernte auch ich, es ging wie von selbst bei Mutter Inez. Ich war nicht der Erste, der bei Inez und Sören, ihrem lieben Mann, sein durfte. Ihre Kinder sprachen von einem Lappenkind, Lars. Ich wurde neugierig, und Inez erzählte:

«Spät eines Winterabends, kurz vor Weihnachten war es, draußen schon dunkel und dichtes Schneegestöber. Die kleinen Kinder schliefen, die größeren waren beim Ausziehen ihrer Kleider. Da pochte es an der Tür. Halb erschrocken lauschten wir. Es gab ja allerlei Leute, die hin und her über die Grenze wollten. Aber zu dieser Jahreszeit und in der kohlschwarzen Nacht? – Es kam kein weiteres Pochen.

‹Ich glaube, du solltest nachschauen›, sagte ich zu Sören. Er öffnete. Vor der Tür lag eine zusammengesunkene Gestalt, eine junge Frau, fast noch ein Mädchen. Sören half ihr herein, und jetzt erkannten wir sie – ein junges Lappenmädchen, das als Magd auf einem größeren Hof weiter unten im Tal diente. Sie war an diesem Tag verjagt worden, weil sich herausgestellt hatte, dass sie ein Kind unter dem Herzen trug – und zwar vom ältesten Sohn und Erben des Hofes …

Mit einer Kerze in der Hand trat ich hinzu. Das arme Geschöpf hatte sich im bis über die Knie tiefen Schnee fortgeschleppt. Jetzt war ihr alle Kraft aus den Gliedern, sie zitterte vor Frost. Im Ofen wurde das Feuer wieder angefacht und Milch warm gemacht. Die Kinder machten große Augen, doch mussten sie sich zurückhalten. Das Mädchen wurde ins Bett gebracht, einige Tage später gebar sie ein Knäblein.»

Hebamme war Mutter Inez – und später Anwalt für das weitere Geschehen. Denn das Lappenmädchen wusste sich keinen Rat. Der junge Vater des Kindes hatte sie betrogen und wollte vorerst nichts von seiner Verantwortung wissen. Doch da war Inez unerbittlich! Ihr moralisches Ansehen war in der Gemeinde so groß, dass es dem Mann nicht gelang, sich seiner Vaterschaft zu entziehen.

Die kleine Mutter war ja selber nicht viel mehr als ein Kind. «Bleibe bei uns, bis das Kindlein entwöhnt ist und keine Muttermilch mehr braucht. Dann kannst du zurück zu deiner Verwandtschaft in den Jämtlandsgebirgen», tröstete Inez. «Sei guten Mutes, erinnere dich, dass Kinder immer auch einen großen Segen bringen!» Bei solchen Worten lichtete sich das Gesicht der jungen Mutter auf.

Auf die Dauer konnte aber der kleine Lappe Lars nicht bei Inez und Sören bleiben, denn da waren schon zehn Kinder im Haus. Und so musste Inez ein gutes Heim für ihn anderswo finden. Wie das geschah, ist eine Geschichte für sich, denn in dem Kinderheim, wo der Kleine untergebracht werden sollte, entdeckte Inez kriminelle Verhältnisse. Erst musste also da aufgeräumt werden. Unerschrocken nahm Inez die unbequeme Pflicht auf sich, die träge Behörde einzuschalten, um die Sache in Ordnung zu bringen. Zehn Kinder im Haus? – Wie war das gekommen?

Inez war Lehrerin im südlichen Schweden gewesen. Sie war jung, schön und lebensfroh. So kann man sich wohl vorstellen, dass sie Wind in den Segeln hatte. Da tauchte ein sehr vornehmer, in der Gesellschaft bekannter Herr auf, ein Witwer. Dieser widmete ihr seine ganz besondere Aufmerksamkeit. Er schickte ihr kostbare Geschenke, er schmeichelte ihr und fragte, ob sie ihn nicht auf Reisen begleiten wolle. – Inez wusste zunächst nicht, wie sie, eine kleine Volksschullehrerin, diese großartige Zuneigung nehmen sollte.

Da geschah etwas Fürchterliches. Der vornehme Herr wurde plötzlich verhaftet. Es kam an den Tag, dass er seine beiden ersten Frauen vergiftet hatte, um sehr große Versicherungssummen einstreichen zu können. Im Gefängnis nahm er sich das Leben.

Inez hielt es nicht mehr aus in der großen Stadt. Sie wollte weit weg von allen Menschen, die um dieses entsetzliche Geschehen wussten und sie mit neugierigen Augen anstarrten. In den einsamen Waldgebirgen, dicht an der norwegischen Grenze, wurde sie Lehrerin. Und da bekam sie bald liebe Freunde, vor allem ein junges Ehepaar mit vier Kindern – Sören und seine damalige Frau. Er war norwegischer Zollbeamter. Im Winter ging es nun auf Skiern hin und her über die Grenze. Sie backten Brot, nähten und flickten Kinderkleider zusammen und hatten es gemütlich. Inez half ihr im Haus, denn es ließ sich nicht verheimlichen, dass sie wieder ein Kindlein zur Welt bringen würde, und da fühlte sie sich oft schwach.

Dann in einer Nacht hatte Inez einen Traum. Sie glaubte, bei ihrer Freundin zu sein, diese lag mit aufgelöstem Haar in ihrem Bett. Da nahm sie ein neugeborenes Kind unter dem Nachthemd hervor und reichte es Inez, indem sie sagte: Das übernimmst nun du! – In dem Augenblick wachte Inez auf. Sie fühlte, dass etwas geschehen war, und schaute auf die Uhr: halb drei.

Schlaf gab es keinen mehr in dieser Nacht. Am folgenden Tag machte sie den Unterricht kurz. Danach begab sie sich auf den Weg, um zu sehen, was sich ereignet hatte. – Oh ja, das Kind war geboren und lebte, die Mutter aber war in der Nacht gestorben, zur Stunde, da Inez aufgewacht war. Im Haus herrschte tiefe Verzweiflung.

Eine mühevolle Zeit begann für Inez: den Winter hindurch auf Skiern fast täglich hin und her über den Berg. Dann kam die große Schneeschmelze, wo sie nur schwer hinüberkonnte. Im folgenden Sommer wechselte Sörens Zollstation, er wurde etwas weiter nördlich angestellt.

So verging eine Zeit. Der Pfarrer unten in der Talgemeinde begann sich für Inez zu interessieren. Er war unverheiratet, und es hatte sich herumgesprochen, dass er vermögend sei. Zu Inez wurde er immer freundlicher, er begann sich sehr für die Schule zu interessieren, kam immer wieder, hörte zu und lobte den Unterricht.

Da kam ein Brief von Sören, ein Notruf. Er war völlig verzweifelt. Als Aushilfe habe er nur ein halbirres Mädchen, denn die Grenzstation lag so einsam, dass niemand sonst bei ihm dienen mochte. Die Kinder verwilderten. Ob Inez kommen könne?

Noch waren einige Wochen Sommerferien, Inez steckte das Nötigste in den Rucksack und wanderte über Berg und Tal.

Was sie bei der Ankunft sah, ließ sich nicht beschreiben. Die Kinder grau, ungepflegt und verlaust, weder brauchbare Stühle noch andere Möbel im Haus, überall Dreck und Unrat, Sören völlig erschöpft und ratlos. «Ich ging abseits und weinte. Dann aber sagte ich mir: Läuse sind keine Wassertiere! Das Wetter war Gott sei Dank wunderbar, und so rief ich die Kinder und sagte: Nun werden wir alle eine Woche lang in der Scheune schlafen! Danach wurden sämtliche Bettwäsche und alle Kleider zum nahen Fluss getragen und mit Steinen beschwert, damit sie nicht vom Strom fortgetrieben wurden. Und da blieb die Wäsche, bis die letzte Laus ertrunken war … »

Jeden Tag gab es ein Waschen und Säubern, das schier kein Ende nehmen wollte. Es wurde geflickt, gestopft und ausgebessert. Sessel aus wunderlichen Baumwurzeln entstanden. Wirklich, es war unglaublich, was im Laufe der paar Wochen geschah. Die Kinder glänzten wie neugeprägte Silberlinge. Schon begannen sie Inez als Mutter anzusprechen. – Da standen sie nun, ein wenig traurig die Gesichter, als Inez Abschied nehmen musste. Die Kinder konnten nicht ganz begreifen, warum.

Die Schule begann. Immer wieder kam der Pfarrer, um sich den Unterricht anzuhören. Inez hatte aber beim Abschied von Sören etwas in seinen Augen gesehen. Sie wagte kaum, daran zu denken – ein bettelarmer Witwer mit einem Haufen verlauster Kinder … Lange Zeit zum Nachdenken blieb ihr nicht, denn es kam ein Brief – der Heiratsantrag von Sören. Der Pfarrer hatte sich wiederum den Unterricht angehört und die Lehrerin sehr gelobt. Ob sie sich mit der Zeit eine Ortsveränderung denken könne? – Wieso, sie sei mit ihrem Leben in der abgelegenen Gemeinde ganz zufrieden. – Nein, nicht aus der Gemeinde, habe er gedacht, nur bis ins geräumige Pfarrhaus.

Inez wusste nicht, was sie antworten sollte, es zog sie in zwei völlig verschiedene Richtungen. Sie konnte weder Ja noch Nein sagen, nicht zum freundlichen Pfarrer, nicht auf die Bitte des armen Witwers mit den vielen Kindern.

«Ich bat um Rat und Hilfe bei Ihm, der da mehr weiß als wir Menschen», erzählte sie später. «Und Hilfe wurde mir zuteil, doch gegen meine Lust und meinen Wunsch. Ich hatte einen Traum, der sich nicht beiseite schieben ließ. Am Abend hatte ich an Sörens Frau gedacht, die im Sterben mir ihr neugeborenes Kind in die Arme gelegt hatte. Im Traum vermeinte ich, am Ufer eines Stromes zu gehen. Da kamen zwei Fische herangeschwommen, der eine fett und glänzend, der andere kümmerlich. Ich hob sie beide aus dem Wasser und weidete sie aus. In dem fetten Fisch war nichts, im mageren aber lag eine herrliche Perle. Am Tag darauf schrieb ich an Sören und gab ihm mein Jawort. Dass ich aber leichten Herzens schrieb, das zu sagen wäre gelogen. Ach wie dumm ich gewesen bin!» – Und Inez lachte, obwohl sie Tränen in den Augen hatte.

«Oft wussten wir kaum, wo wir das tägliche Brot hernehmen sollten. Doch nicht einen Augenblick habe ich meine Wahl bereut. Fünf Kinder waren da, fünf weitere wurden uns geschenkt. Gehungert haben wir nicht, dafür sorgte eine höhere Macht. Ich erzählte den Kleinen Märchen, damit sie vergaßen, wie ranzig das bisschen Speck manchmal war, das es zu den Kartoffeln zugesetzt gab. Sören und ich lebten glücklich, er war ein so herzensguter Mensch. Nie vergesse ich den Tag, da er mit einer Kuh nach Hause kam. Denk einmal – unsere eigene Kuh! Die Kinder waren außer sich vor Freude, sie tanzten und hüpften, sie kosten und streichelten das geduldige Tier – und dann fort, um frisches Gras zu pflücken. Fast will ich glauben, dass es der größte Festtag meines Lebens war.»

So saß Inez, nun weißhaarig, aufrecht in ihrem Stuhl, als ich sie in ihrem hohen Alter besuchte und sie diesen Rückblick auf ihr Leben hielt. Mir war es, als hätte ich den Lebensbericht eines von Engeln getragenen, engelgeführten Menschen gehört. Das war auch ihre eigene Überzeugung. Dankbarkeit erfüllte sie – gegenüber dem Leben, ihren Mitmenschen und vor allem gegenüber den höheren Mächten, die ihr in entscheidenden Augenblicken beigestanden hatten.

Vom Bild des Engels

Im Alten Testament finden wir einen merkwürdigen Bericht, in dem gesagt wird, dass selbst Moses seinen Gott nicht von Angesicht zu Angesicht schauen durfte – «Denn ein Mensch kann nicht mich sehen und leben» (2. Mos. 33,20).

Für das auserwählte Volk bestand danach das Gesetz, dass es sich kein Bild seiner im Übersinnlichen lebenden Gottheit machen durfte.

Mit Gottes Menschwerdung in dem Messias wurde das anders. Er war als wahrnehmbarer Mensch dagewesen! Dadurch war Gottes Angesicht zum Angesicht eines Menschen geworden. Und wer sich im Glauben zum Sehen dieses Angesichtes aufschwang, dem stand es frei, es so abzubilden, wie es ihm vorschwebte.

Somit war das Tor für die christliche Kunst eröffnet. Und in dieser kamen nun auch die Engel zur Darstellung. Sie wurden als wunderschöne, beflügelte Wesen abgebildet – Sendboten der Gottheit. Beflügelt, wohl um zu zeigen, dass sie als geistig übersinnliche Wesen keiner Schwere unterliegen; höhere Engel mitunter mit zwei oder drei Paar Flügeln.

So das mehr traditionelle Bild. Das sollte aber für meinen Freund Oddmund Birkeland durch eine eigenartige Begegnung etwas korrigiert werden. Hier sein Bericht:

«Mir war die Aufgabe zugefallen, Einwanderer und Verfolgte aus fernen Ländern, die bei uns Asyl suchten, zu unterrichten. Vor allem galt es für sie, unsere Sprache zu lernen, dann aber auch ein wenig Einblick zu gewinnen in Sitten und Gebräuche, wie sie in ihrer neuen Heimat üblich waren.

Als nun die Adventszeit kam, wurde über das bevorstehende Weihnachtsfest gesprochen, wie es hierzulande begangen wird. Auch ein bekanntes Weihnachtslied wurde eingeübt, in dem es unter anderem heißt, dass Engel heimlich mit der Frohen Botschaft sich der Erde nahen. – Engel, was ist das?, wurde gefragt. Ja, wie sollte ich das verständlich machen? Ich griff zur Kreide und versuchte zu zeichnen, was mir aber nur dürftig gelingen wollte. Mit einigen Strichen deutete ich die Flügel an.

In der folgenden Pause nahte sich ein etwa fünfunddreißigjähriger Mann aus Südamerika. Still und vertraulich sagte er: «Die Engel sehen eigentlich nicht so aus … Es ist mehr wie ein Lichtkern, von einem milden Schein umgeben.» Er deutete es durch eine kleine Zeichnung an. Auf meine Frage, ob er selbst das erfahren habe, erzählte er seine Geschichte.

Er war daheim in seinem Land einer harten Tortur ausgesetzt gewesen. Anfangs durch Wochen und Monate mehr psychologisch, dann aber durch drei Tage hintereinander auch körperlich. Am dritten Tag lag er zuletzt auf einem Tisch fest angeschnallt und fühlte, dass er es nicht mehr aushalten würde. Da – mit einem Ruck verließ er seinen physischen Körper und erlebte auf einmal eine wunderbare Leichtigkeit und Freiheit. Er hatte das Gefühl, durch Räume zu gehen oder zu schweben, und gelangte in eine Art von Tunnel. Da ging es schnell vorwärts. Weit entfernt erschien ein mächtiges Licht, das auf ihn wartete und wovon er die

Empfindung hatte, dass es mit ihm selbst verbunden sei. Da sah oder vernahm er Engel. Sie folgten ihm in ihrem Lichtschein in verschiedenen Farben, entsprechend ihrem Rang – wie er meinte. Er fühlte, dass er im Begriff war, mit großer Schnelligkeit die Erde zu verlassen, und dass die Engel das verhindern wollten. Erst als er dem starken Licht ganz nah war, gelang es den Engeln, sein weiteres Fortfliegen aufzuhalten. Und da ertönte es aus dem Licht: «Für dich ist es noch nicht an der Zeit!»

Um ihm zu helfen, genau die richtigen Worte in unserer Sprache zu finden, wiederholte ich diesen Satz auf verschiedene Weise. Doch da korrigierte er mich sofort. Genau wie zuerst angegeben, hatte er die Worte vernommen.

Von Engeln begleitet wurde er gewissermaßen zurückgebracht. Bei der Rückkehr war er sich bewusst, durch eine oder zwei verschiedene Sphären hindurchzumüssen, bis er sich wieder in seinem physischen Körper befand. – «Doch das war ein entsetzliches Erlebnis», sagte er.

Das hier Erzählte hat eine unverkennbare Ähnlichkeit mit Berichten von sogenannten «klinisch Toten». Solche Berichte sind ja seit einigen Jahren bekannt und auch veröffentlicht worden.

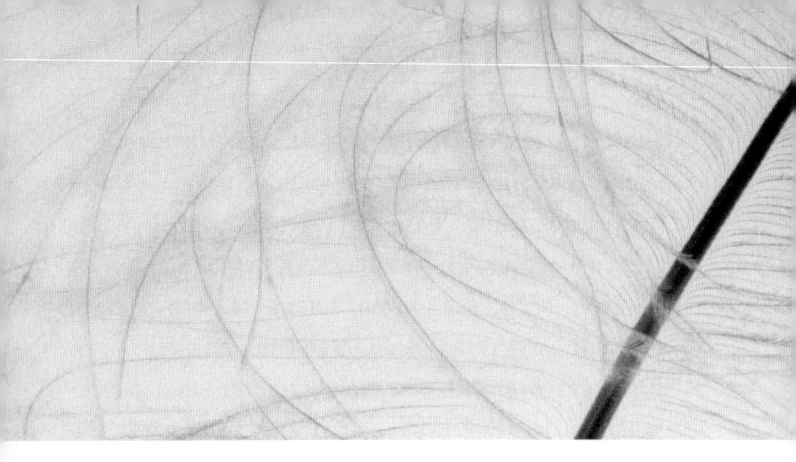

Im Gespräch mit dem Engel

Ist das möglich – mit dem Engel zu sprechen? Viele werden den Kopf schütteln. Befragt, ob sie es jemals versucht haben, würden sie wahrscheinlich eine solche Zumutung mit nachsichtigem Lächeln abweisen. Die wenigen aber, die es ernsthaft versuchten, werden zumeist schweigen. Denn über intime Erlebnisse spricht man nicht so leichthin und mit offenem Herzen.

Allerdings, was man sonst unter Gespräch versteht, muss dann einen anderen Sinn erhalten. Ob die Engel auf Fragen hören? – Scheinbar bleiben unsere Fragen sehr oft unbeantwortet. Warum? – Vielleicht, weil sie sich auf Dinge beziehen, die in Wahrheit keine Engelantwort brauchen, vielleicht auch, weil wir nicht imstande sind, die Antwort richtig zu vernehmen. Dabei mag es vorkommen, dass der Fragende selber die Worte suchen muss für das, was mitgeteilt werden soll.

Engel hören auf Fragen, sofern sie ernst gemeint und aufrichtig gestellt sind. Man kann erfahren, wenn der Engel es so will, dass eine Frage, die vor dem Einschlafen der Engelwelt entgegengetragen wird, mit dem Aufwachen wie aus der eigenen Seele tiefe Antwort bekommt. Rudolf Steiner gibt den Rat, so vorzugehen, und wir möchten bestätigen, dass er sich befolgen lässt.

Vor allem aber, wenn es bei geistig produktiver Arbeit nicht recht vorwärts gehen will, kann ein Gespräch mit dem Engel Wunder wirken. Jeder, der schreibend tätig ist oder sonst etwas geistig vorbereitet, kann zeitweise in eine Sackgasse geraten. Die Arbeit stockt, es fällt einem nichts ein, oder es fällt etwas ein, das offenbar nicht von «oben» stammt! Wer in solcher Not sich an eine höhere, Hilfe spendende Macht wendet, wird selten leer ausgehen. Wenn aber der Glaube fehlt? – Zu bedenken ist, dass Glaube nicht immer ein Festhalten an liebgewonnenen Vorstellungen bedeutet. Vielmehr kann Glaube als eine innere Offenheit, ein zuversichtliches Entgegenkommen aufgefasst werden.

So gestimmt, nicht gerade an Engel denkend, ging spät eines Winterabends ein junger Mann auf einsamem Weg. Die Arbeit des Tages hatte er hinter sich, und wie er da im Schatten eines hohen Berges die Stille der Natur gleichsam einatmete, setzte er sich auf einen Stein. Vor ihm ein kleiner See, in dem sich einige Sterne spiegelten. Nicht der leiseste Windhauch war zu verspüren. Sinnend saß er da, als der Mond langsam hinter dem dunklen Berg sichtbar wurde. Dieser Mond schien ihm merkwürdig bekannt. – «Bist du nicht das Tor, durch das ich in mein Leben auf die Erde trat?», fragte er sich. «Sollte ich mich nicht daran erinnern können?» – Und auf einmal war es ihm, als steige die Erinnerung in ihm auf: ein Reigen von Seelen, die sich der Erde nahten, und er mitten unter ihnen – aber von einer Macht und mit solcher Intensität erfüllt, die sich eigentlich kaum noch beschreiben lässt! Da saß er nun in seiner armen Erdenwirklichkeit, kam sich jämmerlich klein und schwach vor gegenüber dieser Kraft des vorgeburtlichen Daseins. Die Erinnerung versank in ihm – ist später nie wieder als Erlebnis aufgetaucht. Aber eine große Frage ist ihm geblieben: Sind es höhere Wesen, die ihr übermächtiges Sein in das Sein der noch ungeborenen Seelen hineinragen lassen?

Nachwort

Wer Einblick in die Geisteswissenschaft Rudolf Steiners, die Anthroposophie, nimmt, lernt da eine Fülle von Geistwesen kennen. Darunter auch das Reich der Engel, das sich für die übersinnliche Anschauung Stufe um Stufe erhebt. Für heutige Menschen kann solche Anschauung eine Zumutung bedeuten. Sogar für die sonst Gläubigen. Denn der modernen Theologie ist Sein oder Nicht-Sein der Engel eine ziemlich nebensächliche Frage geworden. Da hört man: Um selig zu werden, braucht der Mensch sich nicht um Engel zu kümmern – dazu genügt ihm einzig und allein der über alles erhabene, allmächtige Gott!

Diese Auffassung ist das Ergebnis der sogenannten «Entmythologisierung» der Theologie, der Austilgung aller lebendig bildhaften Vorstellungen, wenn es um Geistiges und Übersinnliches geht! Es ist aber nicht immer so gewesen. In Zeiten, in denen anschauliches Denken und eine damit verbundene Künstlerschaft vorherrschend waren, begnügte man sich nicht mit dünnen Abstraktionen über die real erfahrene geistige Welt. Da lebte die Überzeugung, dass die dem irdisch Materiellen zugrunde liegende Welt nicht weniger inhaltsreich sei als die sinnlich wahrnehmbare. Und in jenem geistig realen Sein waren nun auch die verschiedenen Engel wirksam, die als ein mächtiger Reigen oder Chor vorgestellt wurden:

«Neun sind die Chöre der Engel», heißt es in einem alten Lied von den zwölf heiligen Zahlen. Diese Anschauung eines neunstufigen Wesensreiches ging damals zurück auf Dionysios Areopagita, der von Paulus zum Christentum bekehrt wurde und in der Apostelgeschichte kurz erwähnt ist (Apg 17,34). Die Inhalte der Bücher, auf die man sich dabei berief, wurden aber erst viele Jahrhunderte später niedergeschrieben, und so war es ein Leichtes für einen Jesuiten im 17. Jahrhundert, zu «beweisen», dass sie als Fälschungen zu betrachten seien. Damit begann der Engelglaube in der Theologie immer unwesentlicher zu werden, was ja selbstverständlich dem Aufkommen des allgemeinen Agnostizismus voll entsprach. Für heutige Menschen handelt es sich gewiss nicht um ein Aufwärmen des Glaubens vergangener Zeiten. Auch geht es uns nicht um einen Glauben im Sinne eines «Abenteuers der Vernunft». Es kann sich nur um ein Bereichern der Vernunft durch Erfahrung handeln, denn dieser bedarf unsere Zeit gar sehr. Allerdings: Das tiefere Schürfen ist nicht jedermanns Sache. Die ausgedehnte geistige Forschung müssen wir zunächst dem dazu Berufenen überlassen. Das wird ja in jeder ernst zu nehmenden Wissenschaft nicht viel anders sein.

Es gibt aber ein Gebiet, auf dem jedermann seine Erfahrungen machen kann. Gemeint ist das menschliche Leben, so wie wir es tagtäglich vorfinden und darin unser eigenes, einmaliges Schicksal erfahren. Nur davon war in den vorangehenden Berichten die Rede. Gewiss könnten diese ins Endlose vermehrt werden, und sie können Fragen wachrufen, sie können zu einer erhöhten Wachsamkeit führen.

Bei manchen Berichten, vielleicht sogar bei den meisten, wird man vermutlich fragen: Wo war denn da der Engel? – Er tritt ja überhaupt nicht in Erscheinung! Nein, dem rein sinnengebundenen Schauen bleiben geistige Wesen unsichtbar. Da muss vielmehr auf die eigentümliche Regie der Ereignisse hingeschaut werden, ob da nicht eine unsichtbare Hand am Werke war? Da muss auf die Sprache des Geschehenen hingehört werden, ob in ihr nicht eine Stimme des Geistes vernehmbar ist?

Ein geheimes Schaudern kann sich da geltend machen, eine Furcht, die man sich nicht immer gern gesteht. Erinnern wir uns an den eingefrorenen Gefolgsmann, von dem in der Einleitung die Rede war. Ihm wurde nachgesagt, er habe Wein mit Wasser vermengt. Könnte damit nicht gemeint sein: Wein in Wasser; will sagen, er habe einen spirituellen Gedanken geltend gemacht, wo die Gemeinde nur harmloses Plätschern wünschte? So mag mancher dem Spirituellen gegenüber lieber allerlei klug begründete Zweifel hervorholen. Schließlich kann man aber die Furcht verstehen, denn eine unvorbereitete Seele hält die Begegnung mit einem geistigen Wesen kaum aus. Deshalb ertönt in der Heiligen Schrift beim Erscheinen eines Engels ständig der Zuruf: Fürchtet euch nicht!

Der Name kommt vom griechischen Wort *angelos*

und heißt Bote. Und als Bringer von Botschaften aus höheren Welten wurden sie erlebt. Sie wollen als sehr umfassende Wesen verstanden werden, und vor allem: anders umfassend als unser menschliches Bewusstsein; mehr die Innenseite unseres Lebens und damit verbunden die Beziehungen des Schicksals umfassend.

In Visionen geschaut oder von Künstlern dargestellt, zeigen die Engel sich meist in einer schönen weiblichen oder kindlichen Gestalt. Beflügelt, um anzudeuten, dass sie der Erdenschwere enthoben sind. Das Kindliche mag auf ihre Unschuld, das Weibliche auf ihre dienende, liebetragende Wesensart hinweisen. All das muss selbstverständlich als eine Anleihe aus der Sinneswelt angesehen werden, gewissermaßen als ein Kleid. Dieses Kleid, will sagen die Erscheinung, ist aus Elementen des Diesseits gewoben und wechselt bei verschiedenen Völkern zu verschiedenen Zeiten. Anders erscheinen die Walküren der nordischen Germanen, die Moiren der Griechen oder die Amshaspans der alten Iraner. Ihr Wesen war aber immer in einem höheren Sein beheimatet, von wo aus sie schützend, helfend oder lenkend in die Menschengeschicke eingreifen konnten.

Doch nicht immer im Sinne dessen, was wir als menschliches Glück erleben. Auch davon wurde ja berichtet. Es gibt nur zu oft Fälle, wo durch einen merkwürdigen Zwang der Tatsachen – oft sogar mit Hilfe nichtsahnender oder sogar wohlwollender Menschen – größtes Unglück herbeigeführt wurde. So berichtet eine Mutter, die während des letzten Krieges aus einer Großstadt evakuiert war: «Mein Mann stand im Felde, ich und die Kinder hatten weitab in einem Dorf Unterkunft gefunden. Eines Tages schickte ich die beiden ältesten Töchter für eine Besorgung in die Stadtwohnung zurück. Eine Nacht mussten sie dort bleiben. In dieser Nacht wurde die Stadt ausgebombt – meine Töchter kehrten nie zurück ... Ich selber hatte sie in den Tod geschickt.»

Der Schmerz, mit dem sie sich das gestand, hatte sich in eine tiefe Erkenntnis gewandelt. Sie war sich bewusst, dass eine höhere Fügung gewaltet hatte. Im Diesseits erlebt, war es ein kaum zu ertragendes Unglück, von jenseitiger Warte ein Geschehen, das sich unserem Urteil entzieht. Denn da wandelt sich Tod in Geburt, so wie Geburt für die geistige Welt wohl eine Art Sterben bedeutet. – «Ich starb, als ich geboren wurde», sagte einmal ein kleiner Junge.

Sicher könnten genauso viele Geschichten erzählt werden, die eher ein Versagen der Engelhilfe als ihre rettende Fürsorge bezeugen. Vermutlich sind wir geneigt, uns die höheren Welten viel zu einfach vorzustellen. Nirgends ist doch gesagt, dass Engel im abstrakten Sinne allmächtig sind. Zweifellos schauen sie auf die Menschengeschicke aus einer völlig anderen Sicht als der für Leben und Glück im Erdensein maßgebenden. Und sie müssen die Bedingungen des Schicksals einhalten, diese aber sind immer ganz individuell. Jeder Mensch weiß, dass die sinnenfällige Natur, die uns Tag und Nacht umgibt, äußerst kompliziert ist und voll von Gegensätzen, voll von Kräften, die gegeneinander wirken: Wärme und Kälte, Licht und Finsternis, Keimen und Welken und so weiter. Alleinherrschend müsste jedes Prinzip, jede Kraft verheerend wirken. Nur durch das rhythmische Zusammenwirken entsteht ein Ausgleich. Der Ausgleich darf aber nicht zu einer Erstarrung führen, er muss immer wieder gelöst und neu gebildet werden. Da reichen beschränkte Begriffe wie gut und böse nicht aus. Wir glauben, man braucht keinem Relativismus zu verfallen, wenn man sich auf die Erkenntnis einlässt: Auch im höheren Sein gibt es mächtige Weltgegensätze, die für die Engelwesen zu beachten sind. Durch eine zeitgemäße Geisteswissenschaft kann sich unser Gesichtskreis erweitern. Gewiss: Das

Erleben von Glück und Unglück im Leben wird dadurch nicht schwächer. Aber das Denken darüber wandelt sich. Man beginnt, das Dasein auf der Erde ein wenig tiefer zu fassen, und unsere Geistverbundenheit wird damit immer realer. Dadurch gewinnen wir ein gestärktes Vertrauen in den Sinn des Lebens und die befestigte Hoffnung auf eine weisheitsvolle Lenkung unseres Schicksals.

Diese Lenkung kann als inneres Berührtsein empfunden werden. Nach und nach entsteht ein bewussteres Zusammenfühlen, Zusammendenken mit der Engelwelt. Wir spüren dann, dass die Engel sich Kraft holen aus dem, was wir ihnen an Gedanken und Gefühlen entgegenbringen. Darauf kommt viel an. Nicht dass wir uns etwa vormachten, dadurch «bessere Menschen» zu werden; aber wir glauben, unsere Lebensaufgabe besser verwirklichen zu können.

Und das ist es wohl, was jeder Menschenseele als höchstes Ziel vorschwebt.

falter | Wege der Seele – Bilder des Lebens

25 | **Die Monatstugenden**
Zwölf Meditationen
herausgegeben von Jean-Claude Lin

26 | **Blick in eine andere Welt**
Begegnung mit Verstorbenen und geistigen Wesen
von Dagny Wegener

27 | **Mit Lyrik leben**
Berichte, Betrachtungen, Anregungen
von Erika Dühnfort

28 | **Das Wunder des Lachens**
Spiegelungen in Märchen und Mythos
von Dagmar Fink

29 | **Die Kunst der Seele**
Schritte auf dem Schulungsweg
von Florian Roder

30 | **Der siebenfache Flügelschlag der Seele**
Leben mit dem Rhythmus der Woche
von Wolfgang Held

31 | **Finde dich neu**
Sechs Stufen zu einem kreativen Leben
von Michael Lipson

falter | Wege der Seele – Bilder des Lebens

32 | **Vier Minuten Sternenzeit**
Leben mit den kleinen und
großen Rhythmen der Zeit
von Wolfgang Held

33 | **Oktaven der Liebe**
Sieben Motive der Begegnung
von Dorothea Rapp

34 | **Lebenskunst als Lebenskraft**
Vom schöpferischen Umgang mit der Freiheit
von Mario Betti

35 | **Der Sternenhimmel der Vernunft**
Auf dem Weg der zwölf Weltanschauungen
von Corinna und Ralf Gleide

36 | **Leben mit dem Leben**
Zwölf Einsichten für die persönliche Entwicklung
herausgegeben von Jean-Claude Lin

37 | **Hetze und Langeweile**
Die Suche nach dem Sinn des Lebens
von Olaf Koob

38 | **Leben mit dem Schmerz**
von Iris Paxino

falter | Wege der Seele – Bilder des Lebens

39 | **Fülle der Nacht**
Vom Geheimnis unseres Schlafes
von Olaf Koob

40 | **Engel und ihre finsteren Brüder**
von Johannes W. Schneider

41 | **Unser Leben – unser Schicksal**
Sich selber näher kommen
von Johannes W. Schneider

42 | **Mut zu mir selbst**
Alt werden ist nichts für Feiglinge
von Johannes W. Schneider

43 | **Alles ist Zahl**
Was uns die Zahlen 1 bis 31 erzählen
von Wolfgang Held

44 | ***Und* ist ein Verbindungswort, das *Du* ist es auch**
Wege zu einer anderen Selbstlosigkeit
von Andreas Laudert

Verlag Freies Geistesleben
Bücher für den Wandel des Menschen